発達障害と青年期のひきこもり

渡辺 慶一郎 編著

小佐野重利　斎藤　環　大島紀人
井利由利　境　泉洋　川瀬英理
池上正樹　山﨑順子　綱島三恵
伊藤順一郎　高野　明　渡辺慶一郎

まえがき

本書は東京大学の相談支援研究開発センター，改組前の学生相談ネットワーク本部が主催するシンポジウムの第３回目を書籍化したものです。第３回目のシンポジウムは「発達障害とひきこもり」と題して，2019年12月に企画されました。

ひきこもり，発達障害のいずれも日本の社会全体で対処していかなければいけない課題です。政府や地方行政などもそれなりに力を入れていますが，必ずしも充分といえない状況でしょう。なぜなら，そこで語られるのは制度の運用と政策面であって，そのためにはサービスの対象に一定の基準を決めていくことになるからです。制度や基準ができたからといって，メンタルの障害あるいは悩みを抱えた人々の思いが解決するものではないでしょう。読者の皆様には，今回ご執筆をいただいた著者の方々の内容をお読みになられて，個々にできる取り組み，個人的にできることは何かを考えていただけたらよいと思います。

私（小佐野）の取り組みを例に挙げますと，千葉県の柏市にはこどもルーム，つまり学童保育が 42 か所あります。約4,000人の主に小学１年生から３年生の児童が通っています。そこでは，遊びや宿題をやるほかに，よみきかせや読書指導といった活動が盛り込まれています。小学校では，発達障害などのある児童に対して特別支援学級をつくっていますが，学童保育には通常学級と特別支援学級の児童生徒のあいだに垣根がありません。柏地域の児童が集まって放課後から夕方に活動している現場を見ていますと，行政は効率の良さや支援が問題なく進むことばかりを考えて仕組みを作ることを先行し，個々の児童生徒の特性を生かしていくことまでには目が行き届いていないように感じています。

本書を通じて，読者の皆様それぞれの立場で，発達障害を抱える，あるいはひきこもりになっている方々へどのように対応支援していくかを考えていただければ幸いです。

東京大学名誉教授　小佐野 重利

目　次

第3章
ACTの活動のなか，発達障害をもっている（と思われる）人の「ひきこもり」支援について試みてきたこと

伊藤 順一郎

第4章
オープンダイアローグにおける発達障害者との関わり

斎藤　環

第5章
CRAFT を応用した発達障害がある（疑われる）ひきこもり青年への家族支援

境　泉洋

第6章
発達障害があるひきこもり青年への制度的な支援

山﨑 順子

第7章
学生相談からみた発達障害のある大学生のひきこもり

高野　明

コラム

第１章

発達特性のある人の青年期のひきこもり支援

井利 由利

1　はじめに

1980年代後半，“ひきこもり”は，「無気力化した若者」として社会問題の一つとして認識されるようになり，1990年代には「不登校支援で取り残されてきた領域として『ひきこもり』を問題化し」（石川，2007），そして2000年の佐賀県バスジャック事件，新潟少女監禁事件で社会に広く知られるようになりました。2004年にはひきこもりが「ニート」の文脈で語られています。2009年に「子ども・若者育成支援推進法」（内閣府）が成立し，これまで支援の対象ではなかった若者世代が「困難を有する若者たち（ニート，ひきこもり，不登校，発達障害等の子供・若者を背景とする）」として支援の対象になりました。ひきこもり支援の対象は，「無気力化した若者」「不登校の長期化」極端に言えば「犯罪予備軍」，そして「ニート」「困難を有する若者」とその様相を変えてきました。その中でも今，注目されているのが「発達特性のある若者たち」です。現場では，“ひきこもり”の意味づけが時代によって変化し，それに伴う支援の形の変遷に支援者も当事者も翻弄されてきたという実感があります。

なお，「ひきこもり」は状態像を表す概念で，その背景は100人100様です。本論では，発達特性のある人もない人もそれぞれが独自であり，決して一括りにはできないという意味を込めて“ひきこもり”と表記します。

1988年１月に，筆者が携わる現在の公益社団法人青少年健康センター「茗荷谷クラブ」が開室しました。筆者は30年間現場で前述のような時代の変化の中，多くの若者たちに関わり続けてきました。現場で彼らが筆者たちに教えてくれたことを記すことが，「発達特性のある人の青年期のひきこもり」を理解する上でとても重要であると考えています。ただし，本論はあくまでも，筆者が現場でお会いして聞くことのできた限りある人たちの声です。筆者のお会いできていない様々な“ひきこもり”の方たちがいることをご理解の上で読んでいただければと思います。

｜２｜「茗荷谷クラブ」とは

「茗荷谷クラブ」は，ひきこもりや発達障害など，生きづらさを抱える20～40代の方を対象に，1987年から“居場所”活動を中心に，社会参加に向けての土台作りをお手伝いしています。家族支援・家族会も並行し，相談・居場所・社会参加準備支援を段階的に，それぞれの段階を行ったり来たりできる伴走型支援を行っています。スタッフは，臨床心理士，公認心理師，精神保健福祉士の資格を持ち，メンバー（筆者らは利用者をメンバーと呼んでいます）対スタッフの比率はおよそ２対１で，きめの細かい包括的支援を行っています。

「茗荷谷クラブ」では，居場所づくりを中心としておりニーズに沿っていろいろな場を用意しています。中心となるのは３つの居場所です。“ほっとスペース”は「来ているだけでよくなる居場所」，“SSTグループ”は「上手なコミュニケーションって何？」をキャッチフレーズにメンバーが希望して所属しています。フリータイムとプログラムタイムがあり，プログラムタイムでは，ワークシートを使った心理教育的ワーク，マインドフルネス，リラクゼーション，アートセラピー，レクリエーションなどのオリジナルのグループワークを行っています。３つ目に，夜の居場所である“ゆったりスペース”があり，１グループにつきメンバーが10数名，スタッフが６～７名，合計15～20名で過ごすことが多いです。その他ほぼ月１回３つの居場所の合同イベントも開催しています。春と秋には一泊旅行を企画しています。その他少数のスタッフでメンバーの自主性を重んじた農業，料理，外出，カフェ，サッカー部などサークル活動があります。また，地域のお祭りに参加するための作品制作や文化祭の企画も行います。賄いつきの事務仕事や軽作業を行う場もあり，“ほっとスペース”，“SST

グループ”，“ゆったりスペース”のメンバーが，ニーズに応じて自主的にサークル活動に参加しています。また，「茗荷谷クラブ」に所属していない方でも参加できる「女子会」，40代以上の方限定の「よつば庵」もあります。

「“ひきこもり”にどう関わっていけばいいのか？」については試行錯誤を繰り返してきました。精神疾患を持つ人も発達特性のある人もいます。家族関係に問題を抱えている人も，被虐待者もいます。そのなかで一貫して大切にしてきたことがあります。“ひきこもり”は，その人の生き方の問題と捉えることです。どう生きるかはその人が決めることです。そこに寄り添い，どうしたいのかわからないとき，メンバーが自分の気持ちがわからないとき，思うように動けないとき，死にたくなったとき，生きるためのお手伝いや，心理的な援助をしていくということです。そして，メンバー一人ひとりが個性的で望ましい生き方ができるよう社会に「つなぐ支援」「広げる支援」を重視します。

以下に「茗荷谷クラブ」が大切にしていることを，居場所に来ているメンバーの声とともに紹介します。

⑴　発達障害など病態で分けずに多様性を大切に：特性の理解

Ａさんは，自分の好きな趣味の話になると話が止まりません。相手に話す隙を与えずに話し続けてしまいます。Ａさんの一方的な話を聞いてくれるスタッフが必ずいる一方で，当然，話を聞かずに途中で席を立つ人，我慢して話を聞き続ける人，そもそもそばに寄らない人など反応は様々です。自分が自分として振る舞うのは誰にとってもごく当たり前に大切なことです。いろいろな反応をする人がいる中で居続けることができるようになると，Ａさんは，次第に双方が楽しく話せるようになることを目指せるようになっていきます。多様な人たちと一緒にやっていく上で，自分の話を聞いてくれる人もいるし聞いてくれない人もいることを学び，自身の特性を理解していきます。どうしていけばお互いに楽しく過ごせるのかをグループの日々の営みの中で感じ取っていきます。多様性に重きを置かない支援は，自分の特性である不得手さを克服しようと環境に適応することに心血を注ぐことになりがちです。糸井（2021）は，大人の発達障害の過剰適応について適応を促すことで不適応をつくること，適応に注力するほど内的感覚の気づきが弱くなり自己感の育ちを阻害することを危惧しています。

⑵　強制されず，成果を求めない：自己理解のために

Ｂさんは「とにかく変に争わず，ハイハイやって何も言われない状態であればいい。何も被害を受けないように何もしない。自主性も何もない」と述べました。この言葉からいかに過酷な環境を生きてきたのか。得体の知れない世界にたった一人で立ち向かわざるを得ない中，相手の言うことに感情を殺して従ってきたのだと筆者は感じます。

Ｃさんは，「例えば『紅茶どうですか？』と聞かれたときに『はい』と言ってしまって，そのあとに『本当に自分は紅茶を飲みたかったんだろうか？』と考えて，どうしてもっと考える時間をくれなかったんだろうって相手を恨んでしまうんです」と話してくれました。

相手の「どうですか？」も強制と受け取り自分の存在が危うくなっているのです。自分にとって何が幸せか，何が楽しいのかわからないので，世間一般の「何歳で結婚，何歳で子どもを……」というのにとらわれてしまうと話すメンバーもいました。

自己理解は，あらゆる心理療法や支援の土台となるものですが，発達障害のある人の場合，「ある課題とある場面」の結びつきが強く，場面が変わってしまうと応用が効かない印象があります。自己理解は，ある場面と結びついたものになりがちで，一時的な物分かりは自分の感情から絞り込んだ全体としての自己から遠ざかってしまうように思います。一場面での成果を求めた一時的な物分かりは，般化されず，積み重なっていきにくいように思います。綾屋紗月は，自分自身の身体との関わり，モノの世界との関わり，記憶と夢について述べ，自閉症の特徴を「身体内外からの情報を絞り込み，意味や行動にまとめ上げるのがゆっくりな状態。また，一度できた意味や行動のまとめ上げパターンも容易にほどけやすい」とし，他者からの「侵入の起こりやすさ」について，「長年の積み重ねによってやっとパターン化した，『ある場面における私の所作』をいともたやすく壊すので……」（綾屋，2008）と述べています。自己をまとめ上げるには，強制や成果を求められない場で侵入される感覚が少ないことが必要です。

Ｄさんは，「こんなこと，こんな景色が好きだったんだ，と気がつくと，それが凄い自分のエネルギーになる」と教えてくれました。Ｄさんは子どものころから自分の好きなことは成果にならず無駄なこととされ，好きと言えず感じることもできずにいました。

強制されず，成果も求められないたわいのないおしゃべりの中で，いろんな人の“好き”を見ながら，何気なく意図なくゆっくりと過ごす時間の大切さを感じます。

⑶　being：物理的・心理的に安心・安全な場

誰にとっても安心できる場とは，それぞれが緊張や不安や圧力を感じずにそのままで自由にいられ，保護された空間であることです。スタッフは，メンバーらの特性や課題，困難を問題とみなさず，ただ一緒にいようとします。一緒にいなければならないでもなく，一緒にいるべきでもなく，日々，気負わずただ一緒に過ごしています。スタッフたちは，その人がそこにそのままで居るだけでいいという状態を「being」と呼んでいます。安心できる場を作るためには，第一にメンバーらの特性や課題，困難を問題とみなさないということです。特性や課題，困難を問題化するのではなく，その人にとっては，あたり前で，自然なことであることと理解します。スタッフは，その人の長所や強みを多方面から見出すよう情報を共有します。彼らの特性や課題，困難を問題とみなすと，彼らを追い詰めることになります。

⑷　信頼感の醸成：できる範囲のほどよい対等な関係の志向

周りを責めてばかりいたＥさんは，「相手が悪いだけではないんだよと教えてくれていた人もいっぱいいたのに，自分は一切聞き入れなかった。聞いたら自分が崩れる感じがして，負ける，怖いと思って聞けなかった。自分がダメでいいんだ，足りなくてもいいんだと思えるようになったら，人の話が聞けるようになりました」と話しました。Ｅさんが自分の弱さや等身大の自分を受け入れることができるようになったのはPDD（広汎性発達障害）の診断を受けたからだと言います。

そしてＥさんは「人を信頼できるようになりたい」と言います。「信頼」は，自分と相手が対等でなければ成り立ちません。この世界がまあまあ信頼に足る世界に見えるためには，支援－被支援という関係性では不十分です。スタッフの立場であってもいくばくかでも対等であり，いざというときには助けになる人であると思ってもらえることを大切にしています。いくばくかの対等な関係はメンバー同士やスタッフとの雑談から生まれます。目的もない何気ない会話の中，スタッフもただ一人の人としてそこに居る，今この瞬間で感じたことをそのまま開示していく，感情が通じ合ったその一瞬をスタッフはとても嬉しく思います。スタッフにもそれぞれ個性があり，それをとても大切にしています。一枚岩のようにスタッフみんなが同じ対応をするようでは意味がありません。メンバーが，スタッフのいろいろなモノの見方や意見から自分に必要なものを選びとっていけることを大切にしています。

「茗荷谷クラブ」のスタッフは担当制ではなく，メンバーが相談するスタッフを選ぶことができます。メンバーにはその都度相談したいスタッフがいて自らのニーズに沿って人を選びます。メンバーらはこれまで主体的に自ら人を選ぶことができずに他者に合わせることで，何とか自分を守ってきました。スタッフを自ら選べる試みによって，自分の意志によって人を選んでいいこと，相手の話を自分で選び取ってよいこと，また人によって自分が言うこと，言わないことを判断し，心の開閉をコントロールしてもいいことを知ることになります。

⑸　支援は総力戦。使えるものは何でも使う：ニーズに焦点を

メンバーから，「○○がしたい」という声が出てきたら，それに沿ってオーダーメイドで応援します。サッカーがしたい，演劇をやりたい，料理したい，などなど一人でも「やりたい」というニーズが出てきたらスタッフはなんとかその場を作ろうと奮闘し，いつの間にかたくさんの場ができました。また，ニーズに応えて社会に「つなぐ」ために地域の他機関・多職種との連携をとても重視しています（詳しくは「｜5｜具体的な形式　⑶」で述べます）。

⑴～⑸の取り組みにより，メンバーに変化が表れてきます。それは目的ではなく副産物です。その副産物は私たちの思いもよらないものだったりします。

｜３｜　事例紹介

Ｆさんの事例を紹介します。なお，紹介する事例はいくつかの事例を組み合わせた架空のものです。また，メンバー（Ｆさん）と母親の発言は「　」で，スタッフ（カウンセラー）の発言は〈　〉で表記しています。

⑴「茗荷谷クラブ」入会まで

Ｆさんは，28歳（男性）。一人っ子で母親，父親と３人暮らしです。母親によれば，始語や始歩の遅れはなく，幼少期のころはおとなしく，ぼーっとしたところがありましたが，育てやすくいつもにこにこしていたといいます。母親が幼稚園での様子を見たときに，集団の中に入らず先生が呼んでも行かないで１人で遊んでいる姿を見て，「あれ？　何か普通の子と違う」と初めて思ったとのことでした。でも特に問題を起こすこともなく過ごしたといいます。車が好きで走っている車の車種を全部言うことができました。

小学校時代は，成績は優秀ですが，先生の指示が入らず，聞いていないのではないかと叱責されることも多かったといいます。でも，いつもにこにこすることでその場をやり過ごしていました。ただ，学校でも家でも緊張が高いことがうかがわれ，チックが認められました。学校を抜け出し，先生や母親で探し回ったところ，駐車場の車の陰で何時間もじっとしていたというエピソードがあります。おそらくいじめもあったのではないかと思われますが，本人からは母もスタッフも聞いたことがありません。

中学１年生で，身体の不調（吐き気，だるさ，朝起きられない）を頻回に訴え，エアコンをつけておいてくれなかったとか，靴下が別の場所に置いてあったとか些細なことでパニックを起こすようになり，母親にあたるようになりました。学校を休むことが多くなり，受診したところ広汎性発達障害（PDD）と診断されました。しかし，このころから母親は体調を崩し，うつ状態で家事もままならず床に臥せることが多くなり，本人は黙って淡々と学校へ行っていたといいます。診断については，本人にはきちんとした説明をしていません。

高校時代は私立進学校へ進学し，大学受験のために勉強に励みました。友達はできず，学校へ行って帰るだけの生活でした。行くのに精一杯で，家に帰るとそのまま寝ていたとのことでした。他のことをやる余裕はありませんでした。唯一プラモデルが好きで，作り始めると寝食を忘れてしまうほど熱中し，母親は「あっち側（趣味）の世界に行くとこっちに戻ってくるのが大変で，本人はあっちとこっちでいつもイライラしていたのではないか。真ん中がないんです」と述べました。理系大学に進学しましたが，周りになじめず休学を繰り返しています。このころから自分が誰だかどこにいるのかわからなくなることが起こり，自ら医療機関を受診し，PDD の診断を受けています。当時は，卒業ぎりぎりの状態で，パニック障害とうつ状態を呈し通院を続けていました。 Fさんも母親も，PDD診断に触れることはなく，PDD に関しては治療も受けていませんでした。復学を希望し，人に慣れるための居場所を探し，主治医の紹介で「茗荷谷クラブ」を見学し，入会しました。

(2) 「茗荷谷クラブ」での経過

●インテーク面接

インテーク面接では，通り一遍の成育歴が笑顔で語られ，ネガティブなことは語られませんでした。各時期の様子について聞こうとすると「わかりません」「忘れました」という答えが目立ちました。PDD について確認すると，「自分ではそうは思っていない。今流行っているけど，あんまり納得していないです」と言い，それ以上は触れてほしくないようでした。パニックについては，「どうしてそうなるのかはよくわかりません」と話し，そうなる前の兆候を聞くと「頭が下がっていって，何も話せなくなる」と話したので，スタッフも気をつけてみることにし，〈自分でも部屋を移動してクールダウンするようにできますか？〉と聞くと「はい」と明るく返事をしてくれました。Fさんの許可を得てスタッフが主治医と連絡を取り，今後の方針を相談し，本人は認めていないが，いずれは，障害者手帳をとる必要があるのではないか，焦らず進めていくということを確認しました。

●居場所での様子（～X＋1年）

Fさんは居場所（「茗荷谷クラブ」）で不安定になると，「ちょっと別室で休んでいいですか？」「今日はもう帰ります」などと自分をコントロールすることができていました。ただ「調子悪いんで」とは言うものの，居場所の何がトリガーになってそうなったのかについて話すことはありませんでした。ボードゲームは得意で自ら進んで提案したり，楽しんでいました。唯一，来室したときに「あまり調子がよくないんです。実は母親が……」と母親の具合の悪さを話すことがあり，母親の不安定さが影響していることが想定されました。そのためＦさんの了承を得て，母親面接を提案し，母親もすぐにそれに応えました。

居場所においての人との距離の取り方はＦさん独特のものがありました。興味のないことは黙る，あたかも聞いていないように見えました。興味があることはしゃべり続け，止まらなくなります。クラブで一泊旅行に行ったとき急にいなくなり，みんなで探していたら悪びれることなくふっと現れることなどがありました。そこでスタッフは対話を繰り返しながら，Ｆさんの変化を促していこうと考えていました。スタッフは，Ｆさんの変えられるところと，特質として変えようとしない方が良いところを受け止め，見極めながら関わり方を模索してきました。どう関わればいいのかと悩むスタッフの揺れと，Ｆさんの揺れが呼応しながら進んでいったと思います。

入会後半年を経過したころ，「自分が浮いているような気がする」「自分はあまり自分の話をしたことがないですね。車やアニメの話とかするけれど，いつもそこに自分はいない。当時の自分にとってそのアニメを観たことで自分の中で何かが起こったのか？　友だちとどんな話をしたのか，何を感じていたのか？」「自分がないんですよね」「自分のことがよくわからないんです」などと話し，自ら個別カウンセリングを希望しました。

●母親面接（月１回を継続）

母親によると，父親は，ほとんどＦさんに関心を示さず，会社から帰るとすぐに部屋に閉じこもってしまって出てこないとのことでした。「もう期待するのはやめました。父親もたぶん発達障害だと思う」と話していました。これまで母親がほぼ一人で抱えてきたことをねぎらい，長丁場になるが，支援のパートナーとして一緒に母親も自信を持ってＦさんに関わっていくことを共有しました。母親との面接で大事にするのは，支援のパートナーである母親をエンパワーメントすることです。また障害者手帳について切り出すと，「自分もそれを望んでいるが，本人がどう思うか怖い」と述べ，スタッフからタイミングを見て本人に話すことで了承を得ました。

●「茗荷谷クラブ」と併用しての個人カウンセリング（月１回を継続）

個人面談では，自分を知りたいと過去の話をしますが，何かのワードに引っかかると話が膨らみ過ぎて，Ｆさんは何を話したいのかがわからなくなります。おそらく本人の中ではつながっている話なのではないかと思われますが，こちらの理解が追い付かなくなります。そのため，〈それはこういうことですか？〉と話をまとめていくことに注力しました。出来事については詳細に覚えていて語れますが，出来事の羅列でそのときの感情は出てきません。出てきた感情を拾い，焦点を当てるとその時は話して受け止めてもらって楽になりますが，後で，その感情が湧き出て自分で処理できなくなったり，より強く拘泥してしまったりする傾向が見られました。日常での不安やパニックが増悪したため，過去の感情をあえて拾わないようにしました。過去ではなく“今，話したいこと”を中心に“今，ここ”を重視していきました。好きなアニメ，人物，車などについてとうとうと語り，ストーリーを長々と話し始めるため，カウンセラーが徒労感，疲労感を感じることが多くありました。今話したいことや話される内容が，現実世界というよりも無意識下にあるパーソナルな世界についてになっており，話し手と聞き手が理解しあいつながれないことが一因ではないかと考えます。そこで，カウンセラーの気持ちや感じたことをその都度フィードバックしていくプロセスで何かお互いにつながれた実感を持てることを大切にしながら，面接を続けていきました。付き合い続けることによって，彼の世界を保障し，保障された満足感，納得感が生まれたように思います。ある時から，Ｆさんは「ストーリーをわかるようにできるだけわかりやすくまとめてきますよ」と，カウンセラーがわからないアニメのストーリーをわかるように文章化してきてくれるようになりました。カウンセラーは，自分が，Ｆさんの長々とした“説明”を打ち込まれるパソコンの画面のように感じることがありました。それでも，その過程を通してコミュニケーションでのやりとりや気持ちや感情を共有するひとりの人としてＦさんの主体が立ち現れ，リアルな人間関係が生まれることを感じました。

居場所では，複数のスタッフがＦさんの趣味の話などを聞き，メンバーとの関わりの中でも，次第に一方的ではない会話ができるようになりました。また，Ｆさんには Ｆさんの対人関係のほどよい距離感があり，皆がそれを受け入れるようになりました。「自分はずっと居場所を求めていたことに気が付きました。自分にとっての居場所は，何も強制されずに，居られる場所。（クラブでの）一泊旅行の日，突然『あっ自分は自由なんだ』って気が付いたんですよ」と述べました。

●大学卒業から障害者就労へ（Ｘ＋１年〜Ｘ＋４年）

Ｆさん本人の強い希望があり，大学復学を決め，大学の長期休暇に「茗荷谷クラブ」に通うことになりました。クラブでのカウンセリングを休止し，学生相談室でカウンセリングを受けるようになりました。大学の学生相談員と研究室の先生方がタッグを組み，Ｆさんを支えました。パニックになりそうになると学生相談室へ駆け込みました。Ｆさんは「学生相談室に行けるようになったのは『茗荷谷クラブ』のおかげです。助けを求めてもいいということがわかりました」と話しました。母親は「卒業できなくてもできても私はどっちでもいいと思っている。あなたがしたいようにすればいいし，『茗荷谷クラブ』があるから大丈夫」とＦさんを支えました。そして，「予定外のスケジュールになると動けなくなって，行けなくなってしまう」「連絡のメールでもどう返信していいか考えてしまい，何が正解かわからなくなって返信ができない」などの危機を乗り越えながら卒論を提出し，優秀な成績で無事卒業することができました。しかし，卒業するのが精一杯で，その後の進路を考えたり行動することができずに，再びクラブの居場所に復帰し，個人カウンセリングも再開しました。

「働いてみたい」というＦさんの意向を受けて，「茗荷谷クラブ」でやっている中間的就労（メンバーが２人のチームになって月１回，２時間からその人に合わせた働き方を提供する仕組み。定期的に社会参加担当相談員と面談し，相談員は協力企業や団体との間に入ってジョブコーチ的な役割を担う。仕事ができていない時期の有無を問わず，ケアとしての就労を目指している，時給制）を利用し始めました。仕事の内容はピッキングなどの軽作業です。

働いていく中で，「他のメンバーはいろんな人と組んでどんどんできるようになるのに，自分は一向に進歩しない」「３時間でも異様に疲れる」などの訴えがあり，職場の評価を社員から丁寧に聞き取り伝えていきました。過集中でそこまでやらなくていいところにこだわってしまいバランスが悪い，周りが見えずに１人でどんどん動いてしまう，一生懸命真面目にやっているが，常勤への登用は難しいと言われました。つらさを抱えながらも自身で受け止め，「障害者手帳について知りたい」「自分はそうしたほうがいいのかもしれないと思うが，まだ納得できない」と話すようになりました。ハローワークトータルサポーターを紹介し，同行して障害者枠で働くことのメリットとデメリットを聞き，面談を重ね，合わせて職業能力テストを依頼し受けました。その結果，すぐに就職活動を始めるのは難しく訓練を受けた方が良いと判断され，就労移行支援事業所を３か所同行見学して，通所先を決めることができました。「茗荷谷クラブ」との並行利用のため週２日から始め徐々に日数を増やしてもらえるように事業所の方と話して通所し始めました。その後，２年の期限内で会社に就職することができました。夜の居場所（ゆったりスペース）に通いながら就労を続けています。30代後半となってスタッフは皆，Ｆさんとの会話のやりとりがスムーズに楽しくできるようになったこと，芯にあった怒りの感情が穏やかに様々な繊細な感情に表現されることで，リラックスできるようになったと感じています。

４　発達特性のある青年は何に苦しんでいるのか？困っているのか？

⑴　自分がわからず「普通」の基準を過度に求める

①　わからない

Ｆさんは，自分で自分の感情がわからない，つまりは自分のことがよくわからないと困っていました。おそらくはその場で自分が「抱いている」感情と社会的に「抱くべき」感情とのずれを意識せざるを得なかったのだと思われます。

日々生き抜くために，綾屋（2018）は，中身まで演技しなければならない「深層演技」によって自分でも何が本当で何が嘘なのかわからなくなることを述べています。また，わからなくても「別にいい」とはならず，何とかしなければと困惑し，だめだ，だめだと言われて正解がわからなくなり，よりわからなくなる悪循環となっていました。Ｆさんは，幼少期に，なんだかわからないけれど，これ以上事態を悪化させないためにただにこにこしてその場をやり過ごし，大人になってそれが通用しなくなったときにパニックを起こしました。そしてわからなさを何とかしようと「記憶力がいいので人と会った後，一語一句思いだして反省しています」と話します。正解を求め，あるべき姿を求め，人と話している時にウザがられないか不安で，邪魔をしてしまわないか不安で，結果，自分から話さないようにする手段をとることもありました。

② 普通でない

普通でないといけないという感覚は非常に大きく，普通へのこだわりがあります。何が普通かわからないにもかかわらず，「普通」にこだわり，その結果どんどん「べき思考」を高めてしまいます。「普通になりたかったです。僕は最低です。０以下です」「なんであの人（他のメンバー）は時間を守れないんでしょうか！　一人であんなに発表に時間を取るなんてどういうことですか！僕は怒ると本当に怖いですよ。でも怒ってはいけないと思うから必死に我慢してるんです！」「この間はちょっとそういうことで苦言を呈してしまいました。人は絶対傷つけてはいけないのにやってしまいました。それで，しばらくクラブを休んでいたんです」と話しました。「べき思考」は際限がなくどうあがいても自己否定につながっていきます。

疎外感や孤独感，自己否定感，彼らの違いが受容されるよりも排斥される割合が高く，彼らがたどってきた道は想像以上にいばらの道だったのでしょう。

③ 自信がない

うまくいかないことの原因の全てを自分のせい，自分の性格や能力のせいにしてしまう力の強さがあります。これは抑うつ気分を基盤とする反芻思考と完璧主義が影響していると思われました。自信がないことの要因は数多くありますが，ここでは主体性の育ちに注目したいと思います（「(4）二次障害にみられる主体性の剥奪」で詳しく述べます)。

⑵　つながりの喪失（タッチパネル自己）

ここで発達特性のある他のメンバーの言葉を紹介します。

「その時々の出来事の記憶はあるけれど，そのときに自分がどうだったか，何を考えていたのか，どんな感情だったのかがわからない。そのとき読んだ漫画のストーリーははっきり話せるのに。要は自分がいない。自分がわからないんです」

「こうやって話している自分，本を読んでいるときの自分，ものを書いているときの自分がバラバラで一人の自分と思えない。一人の自分になりたいです」

「自分は自己表現していたつもりだったけど，実は自分の気持ちを言っていたのではなかったかもしれない。自分の気持ちがわからなくて，形だけで言っていたのかもしれない。そうなると自分がなくなってなにがなんだかわからなくなる」

「落ち込むと背骨を抜かれた感じがする。そういう時に持っていた規範意識がバーっと出てきて大きくなる。でもそれは自分がやりたいことではないので，やってもやっても天井がなく達成感もない。なんのためにやっているのかわからない」

発達障害や“ひきこもり”の方は，自分で自分の感情や気持ちがわからず，あるべき姿でやり過ごそうとし，それができないとパニックになる傾向があります。広沢（2010）は，高機能広汎性発達障害者の自己，自己感，および自己イメージの特徴として「タッチパネル自己」を提唱しています。「彼にとっての自己の全体はタッチパネルのイメージで，アイコンが各マスに規則正しく配列されている」「その一つ一つに重要な内容が入っていて，僕は必要な時に必要なアイコン（ないしはマス）にタッチするんです。そうするとそこにウインドウのように世界が開けていき，僕はそこを生きて，そこで仕事をするのです」（広沢，2010）。パネル全体を俯瞰し全体を統括する自己も存在しますが，その様式では，開かれたウインドウの中身，つまりは対象と一体化してしまい，距離が取りにくいことが説明できるとともに，「一貫した自己というものを中心にして，過去の体験に固有の意味を与えそれに基づいて現在の自分を捉えようとする傾向の少なさを物語ってくれる」と広沢は述べています。彼らはアイコンごとに自己像が存在し，その場に引きずられ一貫性がありません。「自分がない」と語るＦさんや他のメンバーが抱く寄る辺なさは，過去の様々な出来事に連続性がなく，その都度その都度アイコンを押してその世界に入り込むことで過ごしてきたからなのだと思われました。

そこで，一人の個として存在している自分の感覚を，どうすれば少しでも育むことができるのかを考えてきました。

過去，現在，未来へと続くつながりのある一貫性のある自分という感覚のもとになるのは，自分の感情を自分のものとしてしっかり感じられることなのだと思います。つながりの感覚は，その人固有の感情やその時の固有な気持ちの在り様によってつながるのではないでしょうか。

さらに，発達特性のある若者たちは，身体を基盤とした自己感がつかみにくいという特徴があります。それゆえに，頭で考えるあるべき姿や普通であることにこだわらざるを得ない状況になっていると思われます。

「本来言葉は母親やその他の身近な大人との密接な関わりの中で発達していく。たとえば子供が転んだ時に，母親が『痛かったね。大丈夫？』とか『痛いの痛いの飛んでいけー』というような言葉をかけることで子供のぼんやりとした身体感覚が『痛い』という言葉に結びついていく。もやもやした感覚に言葉を対応させることによって感覚が明確な形を持ったものになる。感情も思考も言葉を与えられることによってより明瞭なものへと分化していく」（青木，2012）といわれます。発達特性を持つ若者たちは，その特性により，もやもやした自分の感情に言葉を結びつける機会を育ちの中で不幸にして与えられずにきたのではないかとも考えられます。養育者と子どもの関わりあいに難しさがあり，親子のコミュニケーション，触れ合いを通して体験し，自分の抽象的な心の世界と現実を交流しながら調整していくというプロセスを得ることができなかったとすれば，今後にその体験をしていくことが重要となります。悲しい時も寂しい時も，私たちの脳は怒りと同じ状態になってしまうそうですが，発達特性のある方が，怒りにおおわれた様々な繊細な気持ちを表現することの難しさは，私たちの想像以上なのでしょう。でも，感情の表現はまた育み成長していくことができるものです。Ｆさんの変化はそのことを私たちに教えてくれました。無意識レベルのその人固有の「今，ここ」での感情に言葉を足していくのが私たちにできることなのです。

同じような特性のあるＧさんは，終始アンドレ・ザ・ジャイアントという悪役プロレスラーの話をします。自分の話をしていても，人の話を聞いていても必ずここに戻ってしまいます。スタッフはプロレスについて全然わからないのですが，とにかく何度でも聞きます。Ｇさんによると，徹底的に悪役を演じブーイングの嵐を求めたアンドレ・ザ・ジャイアントの生涯はつらいものであったそうです。身長224センチ，体重240キロという巨体で見た目も恐い。飛行機のトイレが使えない。街角で化け物だと追いかけられる。それでも悪役を引き受け，巨体による身体の痛みや障害を大量の酒で紛らわせていたそうです。巨体であることによる日常生活への支障は，生きづらさにつながる生まれつきの障害（発達特性）を持っているＧさん自身と重なっていました。そして悲しみを抱えながらも，悪役を選んで全うしたアンドレ・ザ・ジャイアントの悲しいエピソードを語るとき，Ｇさん自身の気持ちが無意識的に表れていたと思います。

現場でたくさんの雑談や対話の中で何度も語られる同じ話――自分がこだわるモノや人物――を通して自分自身の特性を語り，それが受け入れられるとき，その過程を経て，自己は対象との一体化から自由になり，つながりの喪失から自分がまとまった個としての自分固有の感覚を持てるようになると思います。

⑶　感覚過敏

感覚過敏が最も発達特性のある当事者を苦しめており，このことを基本症状と考えて，環境への配慮を優先させるべきです。もちろん個々に違っていますが，こうした若者たちにどう対応していけばいいのでしょうか。まずは，自分が何に過敏なのかを話せる環境を作ることだと思います。彼らにとっては言葉にするのはかなり大変ですが，かといって話してもらえないと外から見ただけではわかりません。「（クラブでの）一泊旅行の夜の花火は音が怖いので参加しません」「すみませんけど話が聞き取れないので，音楽止めてくれませんか」。そんなことを多様な他者の中で言える安全な場を作ることです。

Ｈさんは，身体の接触はもとより，自分の持ち物や身に着けているアクセサリーなども「素敵ですね」などと触れられるとびっくりして心臓がドキドキし，その後ひどく落ち込むと話してくれました。スタッフ皆で気を付けることを約束しました。その後Ｈさんから「言えたことですっきりしました。自分の感じていることを言っていいんだと初めて思いました」と話してくれました。

⑷　二次障害にみられる主体性の剥奪

発達障害のある若者たちは他者との関係に翻弄され時には過酷な思春期を過ごしてきたため，心身の安全を保つために手に入れた防衛の術による二次障害の方がそれぞれの発達特性により大きな困難をきたしています。「防衛の術」には様々なものが考えられますが，何よりも主体性が剥奪されていることが大きいと思われます。常に何かによって動かされているという気持ちに支配され自分の意志で主体的に行動することが困難です。無理をするなと言われれば無理をすべきではないと自分を縛り，こうしたいのかこうすべきなのかの区別がつきません。人がどう思うかで自分の行動を決めてしまいます。体の不調に気付きにくく，疲れていてもわからない，緊張しっぱなしという事態が起こっていて，自分の感情に気づきにくい特性がある上に感情さえもコントロールして，「今この感情は合っているのだろうか？」とまず頭で考えてからでないと出すことができずにいます。Ｆさんは，いつも人の顔色をうかがって喜んでみたりにこにこしてみたりを繰り返し，自分が本当はどう感じているのかを感じないようにしてきていました。ではどうすればいいのでしょうか。

それには多くの仲間との関わり合い，様々な人を知ること，自分のそのままを受け入れてくれる人の存在しかありません。Ｆさんは，居場所（茗荷谷クラブ）に居続けながら，自分がどう生きるかに向き合い，試行錯誤してきました。大学復学と卒業，中間的就労，障害者就労移行支援事業所への通所，いずれもＦさんがじっくりと自分に向き合い，主体的に自らの意志で進めるように何よりもＦさんのペースを守るようにスタッフは心がけてきました。本人が体験し，納得がいくこと，それが最も大事であると思います。納得するということこそ自分を理解するということ，つまり自己理解とそれに続く生き方への問いに答えていくことです。Ｆさんの「突然気づいたんですよ。あっ，自分は自由なんだって」という言葉は，自由に自分の人生を生きていいのだという主体的な感覚の萌芽でした。それがあって生きる意欲や生きる覚悟が生まれるものと思います。また，二次障害のうつ傾向や気分障害は，波が大きく気分に左右されるため自分のことが分からなくなりがちです。服薬の状態や主治医との連携も大切になります。

｜ 5 ｜具体的な形式

(1) リカバリー形式

「心」が変わるための考え方に治療タイプとリカバリータイプがあります（白石，2018)。治療タイプは，「環境に対して：現実に耐えられるように治したり鍛えたりする」「心理面：このままではだめという意識を持つ」「医療面：まず使っていくべき」という考え方です。いっぽうリカバリータイプの考え方は，①否定しない場であること，②自分の中をつなげていき，自己理解を促し，能動的に試し行動ができる場であること，③「青春の再体験」の場であること，④仲間関係の発達のきっかけを持てる場であることを大事にします。本項では，③と④について記します。

当事者には「青春がなかった」「だから自分はだめなんだ」という感覚があります。彼らにとって，青春はキラキラとした素晴らしいものというイメージです。青春がなかったと自分の人生に納得できていません。青春を再体験し，納得できることによって前に進めます。「欠損感覚」を満たすことを目指します。例えば「茗荷谷クラブ」で女の子同士でケーキとお茶で恋話をすると，「ずっとやりたかったんです。夢でした」とＩさん。「学生時代はハブられていたけど，サッカーをやったときパスを回してもらって初めてゴールできた……なんかもういいかな。納得です」とＪさんは言いました。この体験できたという納得感を大切にしています。

近年みられる仲間集団の変化の可能性について，保坂亨は「ギャング・グループの消失」「チャム・グループの肥大化」「ピア・グループの遷延化」を指摘し，ギャング・グループの消失から薄められた形でのチャム・グループが児童期から思春期，ひいては青年期全般にかけて肥大化し，結果的に異質性の受容を特徴とするピア・グループの形成が先送りにされているとしています（保坂，2010)。現代の若者たちの仲間関係の様相が変化していることは否めません。ひと昔前であれば，“ひきこもり”の人は，こんなに生きづらくなかったのではないか，その人なりの青春をひきこもることなく過ごせたのではないか，と思うことも多々あります。自分の意見を述べ，違っていても認め合っていけるはずなのに，そうではなくカメレオンのように器用に色を変えながら自分を殺して生きていかなければならない……その苦しさを最も感じ，過剰防衛と「普通」への囚われにより“ひきこもり”になったと考えられます。斎藤環は，「現代社会においては多くの個人が成熟によるアイデンティティの獲得ではなく，まずそれぞれのキャラを獲得させられる傾向が前景化しつつある」(斎藤，2016）と述べ，その変質に「身体性の衰弱」を挙げています。身体感覚が失われていく中，体を動かしながら自分という感覚を取り戻していくことは重要です。スポーツや散歩，ハイキング，バーベキューなどのイベント活動の身体的心地よさや楽しかったことの体験によって，私たちは体験をしっかりと体に根付かせることができます。私たちが無邪気に転げ回ってはしゃいでいたあの幼かったころの感覚のリカバリーは，自分は自分でありながら人とつながれるピア・グループへの発達の原動力となるのではないでしょうか。多くのメンバーが，リカバリータイプによって否定されない仲間との身体的活動体験を重ねることで過剰防衛が少しずつ適度になり，みんな違っていていいんだという感覚になっていくように思います。

⑵ 「安心の場」になるための形式

「茗荷谷クラブ」では，「視覚化」など，彼らの認知の仕方に合わせた工夫をし，プログラムを行っています。また，彼らの特徴として自分で言葉を紡ぎだすよりも他者の言葉を借りて思考するのが得意なため，説明的で増長になりわかりにくくなりやすいということがあります。そのためプログラムでは，彼らのもやもやした体験に言葉を付与し，彼らが使える相手に伝わりやすい言葉を増やすこと，言葉を足して対話していくことを行います。また，誤解を避けるために，自分の理解したことと相手の理解したことをきちんと確認していく作業「確実なコミュニケーションを積み重ねること」が重要となります。それは双方向のコミュニケーション，対話を増やしていくことです。彼らはとても人とつながりたく，人と気持ちを通い合わせたいと思っています。孤立させない，独りぼっちにしないことが安心の場の形式です。そのために，フリータイムでは，１対１の関わりから始めます。趣味の窓をノックし，マニアックだけどヘンではないことをさりげなく伝えていきます。当事者のこだわりやマニアックな話は大切な個人の財産です。また，フリータイムではカードゲームや麻雀などが盛んです。ゲームは重要なツールです。言語的な関わりが強要されない「ルール」を持った対人関係が，安心して居られる場をつくるからです。また，ボードゲームやカードゲームは，瞬時に判断を要求される，自分が計画していたものを変更しないといけない，擬似的ではありますが，物を捨てなければならない，必ず一番になれるとは限らない，負けることの体験等，楽しみながら様々なことをいつの間にか学べてしまう利点があります。「勝負だけではなくどうやったらもっと楽しめるか？」というメタ・ゲーム的な一回り大きい問いが現場で誘発されやすく，また顔を突き合わせてプレイするため自分だけ盛り上がって他の人が退屈していると楽しくないので，「いかにして他の人と“ともに”自分も楽しむか」という方向に広がります（斎藤・與那覇，2020)。「安心の場」になるためには，楽しい場であることが目指されます。

⑶　つなぐ・ひろげるための形式

“ひきこもり”問題の解決には，社会へつなげるためにその人の環境を整える必要があります。多くは複雑で複合的な問題を抱えています。貧困の問題（生活保護受給など福祉課との連携），虐待や発達障害，PTSDなど精神障害（医療機関，保健所との連携），就職（就労支援機関との連携）など，ネットワークづくりなくしては“ひきこもり”支援は支援とは言えません。居場所支援から社会参加に向けてつなげる・ひろげる支援，行ったり来たりできる伴走型支援を目指します。いま様々な側面での連携が重要視され，連携は現在，支援のキーワードになっています。どのように他機関・多職種と連携していくかについては，まずは「顔の見える関係づくり」から始めなければなりません。Ｆさんが出会った大学復学に力を尽くしてくれた大学の学生相談室相談員，中間的就労で真摯に質問に答え企業人としてアドバイスをしてくださった企業の方，障害者就労移行支援事業所の支援員，その時々で，信頼でき，相談できる他者とつなげていくことが大切になります。

｜６｜発達障害特性を持つ方の社会参加支援について

最後に社会参加に向けて筆者らが発達障害特性のある利用者から学んだことをまとめます。

1)　人間を全体として捉え，その人の人生を鑑み，よりよくよりその人らしく人生を送れるように支援するのが私たちの使命です。そのためには，支援が継続して行われることが必要であり，ブラックボックスを作らないこと。福祉・教育・医療，そして就労，就労継続支援までの相互の連携を作ることができるかが，私たち支援する側の人間に求められている最大の課題ではないでしょうか。
2)　ソーシャルスキルは，社会の中で他人と交わり，ともに生活していくための能力であり，その人を変えることでも社会に適合させることでもありません。スキルに着目するよりも重要なのは認知に焦点を当てることが示唆されます。そして，その人の認知を変えることではなく，自然にその極端さからその人が解放されるよう，仲間としてともにいることであると思います。
3)　成人期に問題となるのは，発達障害そのものの深刻化よりも，二次障害としての“ひきこもり”，対人恐怖やコミュニケーションの苦手意識，人との関わりにおける自信のなさ，強い自己否定感です。対人関係を必死に“学ぶ”なかで学習された無力感によって，二次障害を呈する発達障害の方にとっては，緊急避難ができ，息抜きのできる環境（安全な居場所）を用意し，自尊感情を得られることが必要です。
4)　「障害は個人の中にあるのではなく，多数派の作った社会と少数派の身体特性のあいだに生じるのだ」というのが，綾屋（2018）の考える「障害の『社会モデル』」です。「自閉症スペクトラム症の診断基準では，このような社会モデルの考え方が極めて希薄であり，そのため『どこまでが個人的に変化可能で責任を引き受けられる範囲で，どこからが社会の問題として変化を求める課題なのか』を公平に切り分けると発想すること自体が難しい状況になっていると感じています」（綾屋，2018）。私たちは社会側に彼らの特性に合わせたコミュニケーションルールを設けることを同時にしていかなければならないのではないでしょうか。

文献

青木 省三（2012）．ぼくらの中の発達障害　筑摩書房

綾屋 紗月（2008）．４章　揺れる他者像，ほどける自己像　綾屋 紗月・熊谷 晋一郎　発達障害当事者研究――ゆっくりていねいにつながりたい――　医学書院

綾屋 紗月（2018）．序章　ソーシャルマジョリティ研究とは　綾屋 紗月（編著）ソーシャル・マジョリティ研究――コミュニケーション学の共同創造――　金子書房

広沢 正孝（2010）．成人の高機能広汎性発達障害とアスペルガー症候群――社会に生きる彼らの精神行動特性――　医学書院

保坂 亨（2010）．いま，思春期を問い直す――グレーゾーンにたつ子どもたち――　東京大学出版会

石川 良子（2007）．ひきこもりの〈ゴール〉――「就労」でもなく「対人関係」でもなく――　青弓社

糸井 岳史（2021）．大人の発達障害のアセスメントと支援　日本公認心理師協会保健医療分野委員会研修会

斎藤 環（2016）．承認をめぐる病　筑摩書房

斎藤 環・與那覇 潤（2020）．心を病んだらいけないの？――うつ病社会の処方箋――　新潮社

白石 弘巳（2018）．台東区若者育成推進事業 講演“「ひきこもり」に悩む人へ”

第2章

発達特性があるひきこもりの現状と先駆的な取り組み

池上 正樹

「ひきこもり」とは，どういう人たちのことなのでしょうか？　精神疾患や発達障害と「ひきこもり」は，どのような因果関係があるのでしょうか？——最近，行く先々で，そんな質問をよく受けます。「ひきこもり」という言葉自体が，まだ歴史の浅い概念なのです。

筆者は，約25年にわたって，この「ひきこもり」という領域に関わり続けてきました。もともとは，本業であるジャーナリストとして，ひきこもり状態にあった本人たちのインタビューを中心に行ってきました。ただ，その後，ひきこもり家族会のサポーターとして，長年，仕事を超えて数多くの本人や家族の相談にのったり，外に出ることのできない本人とメールでやりとりを続けたりして，いろいろな思いを聞いたり，一緒に困りごとを考えたりしてきました。

厚生労働省（以下，厚労省）で定められている「ひきこもり」という定義とは別に，その実態は，基本的に家族以外の人とつながりがない，関係性が遮断している社会的孤立を指します。つまり，心を閉ざしてしまっている状態でした。中には，家の中で同居している親や家族ともコミュニケーションがまったくなく，会うことさえできずにいる人たちも少なくありません。

筆者が所属する特定非営利活動法人「KHJ全国ひきこもり家族会連合会」(以下，KHJ）の2021年度『当事者が求めるひきこもり支援者養成に関する調査報告書』（2022年３月）によると，ひきこもり本人回答者129人のうち，自由に外出できる人は，少しなら外出できる人も含めて，ひきこもり層全体の83.2%。対人交流が必要でない場所になら行ける人は，全体の73.3%に上っています。ふだんは家にひきこもっていても，スーパーやコンビニ，図書館，商業施設(ショッピングセンター), 公園, 駅の待合室などのようなコミュニケーションを必要としない場所であれば行ける人たちが数多くいることは，筆者のインタビュー等でも明らかになっています。つまり，ひきこもり中核層は，人と交わらないことを大事にしていて，人が怖くない，自分が責められる心配がない場所であれば出かけられる人であることを意味しています。

内閣府のひきこもり実態調査（『2015年度若者の生活に関する調査』2016, 及び『2018年度生活状況に関する調査』2019）によると，全国のひきこもり者の数は，15歳から 64歳までを合わせると約115万人と推計されていますが, 筆者が日々接している肌感覚から言えば，実態はもっと多いのではないかと感じています。なかでも 2018年度同調査の 40歳以上の中高年ひきこもり実態調査によれば，推計約61万３千人。そのうち，ひきこもりに至った要因の半数以上は「職場になじめなかった」などの就労が要因になっている点が大きな特徴でした。

その背景にあるものは，大きく分類すると,「社会的要因（社会的ストレス)」と「精神疾患，発達障害等」です。この２つに分類される背景は，互いに重ね合わさっている部分もあれば，後述するように未診断などの理由による「見えない障害」というグレーゾーンもあって，なかなか明確にはなりません。

| 1 | 時代に合わない「ひきこもりガイドライン」

そんな，ひきこもる本人たちにインタビューすると，職場でのパワーハラスメント，セクシャルハラスメント，超過勤務，いじめ，解雇・雇い止め，介護離職，転勤，病気，災害，事件・事故など，実に様々な要因があることがわかります。ひきこもりという状態も背景も，１人１人皆違っていて，実に多様です。全国にひきこもり者は 115万人と推計されているのですから，少なくとも 115万パターンの困りごとがあるわけです。そういう社会に，私たちは生きているということでもあります。

中でも, 当事者たちが認識している「ひきこもる起因」を遡ってもらうと,「学校時代のいじめ・暴力」と「職場での人間関係」は，大きなウエイトを占めていることがわかっています。そのことは，東京都が 2021年４月に公表した『ひきこもりに関する支援状況等調査結果』でも，本人や家族から相談を受けている行政機関や地域包括支援センター，民生委員などから，相談者がひきこもりに至ったきっかけを聞いたところ，「学校･大学等におけるいじめ等の人間関係」と回答した人は52.8％と半数を超えました。同じように「職場における人間関係（パワハラ，セクハラ等）による離職」と回答した人も28.7％に上ったと，同調査で報告されています。

こうした学校や職場などでの「社会的ストレス」は，実は，本人も家族などの周囲も気づかずにいる「見えない特性」が理解されず，集団生活のストレスが蓄積してコミュニケーションにも適応できないまま，人間関係から離脱せざるを得なかったことから生じたという状況が推測できます。

障害が実際にあるのかどうかは別にして，こうした社会的ストレスをきっかけに「ひきこもり」状態に至ってしまった人の多くは，「自分は障害ではない」「精神疾患ではない」と思って，医療の診断を受けたがりません。自分が障害者と認定されることに対する抵抗感や，過去に診療を受けたものの「生きづらさ」を解決できずに「薬を出されるだけだった」「顔を見ようともせずに５分診療で終わった」などと，精神科医への不信感を募らせる人たちもいます。一方で，親もまた「うちの子は障害ではない」などと医療を受けさせたがらない心情もあります。

こうした事情から，「ひきこもり」状態にある人の特徴は，本人が医療に行きたがらずに未診断のままのケースが多いのです。また，診療に行ったとしても，「とくに異常はない」と言われて，診断名が付かなかったという人たちもいます。まさに，「ひきこもり」という状態は，行政サービスの制度の狭間にこぼれ落ちているということが言えます。

保健所などの現場で，ひきこもり支援のハンドブック的に使われている厚生労働省の「ひきこもりの評価･支援に関するガイドライン」(2010年) には，〈「ひきこもり」は３つの群に分類できる〉と記されています。第１群の〈統合失調症，気分障害，不安障害などの精神障害と診断され，かつ発達障害を併存していない群〉，第２群の〈広汎性発達障害や知的障害などの発達障害と診断される群〉，第３群の〈パーソナリティ障害や身体表現性障害，同一性の問題などを主診断とする群〉です。しかし，このガイドラインには，社会的ストレスを要因とする視点が設定されていません。まさに，精神医療の治療者目線のガイドラインになっているのです。

また，同書掲載の地域連携ネットワークの事例は，「ニート等の若者」の自立支援が中心になっていて，従来，支援対象者に対する年齢上限があり，就労が目的だった「地域若者サポートステーション」や，「子ども・若者育成支援推進法」，「子ども・若者地域支援協議会」が掲載されています。つまり，その後の2015年度に施行されて「ひきこもり支援」の法的根拠になった「生活困窮者自立支援法」や，2020年度からスタートした「就職氷河期世代支援プラン」に基づく地域プラットホームにおいて「つながり続ける」支援の必要性など，8050問題などの複合的課題や社会的要因を踏まえた最新の情報が欠落しているのです。このガイドライン自体が，10年以上前の考え方に基づいてつくられたものであり，今の時代状況に合わせて見直されなければいけない時期に来ています。

2　孤立していると適切な判断ができにくくなる

「ひきこもり」の背景にある心情には，学校や職場などでさんざん傷つけられてきて，もうこれ以上，社会で傷つけられたくない，あるいは，自分が誰かを傷つけてしまうかもしれないという優しさがあります。「コロナのウイルスより，人間のほうが怖い」と筆者に明かす当事者もいました。

ひきこもる心情の裏側には，このように「人が怖い」「外の世界は恐怖」という強い不安感があります。外に行こうとすると，身体が硬直して動かなくなる，あるいは，集団生活へのトラウマからPTSDが発症することもあります。

そんな安心できない社会から自分の命を守るために退避した結果，家の中だけが安心できる生存領域になります。まさに，生きていくことに絶望し，あきらめの境地に至った人たちが，「ひきこもり」という状態といえます。

だからといって，自ら命を絶つのではなく，生きてさえいれば，今後，まだ希望があるかもしれない。自分の価値を認め，必要としてくれる人と出会えるかもしれない。こうしたかすかな希望があり，自死ではなく生き延びるための選択肢が，ひきこもるという行為なのではないでしょうか。

そんな状況で，辛うじて家の中で生きている状況であるがゆえに，親の期待に応えられなくて申し訳ないし，そんな自分が情けない，家族に迷惑をかけて後ろめたいという気持ちがあります。ひきこもる人に共通してみられる性格は，非常にまじめで心優しく，カンがいい。また，人の誘いを断れず，助けも求められないなど，人が良くて不器用なところがあります。言葉でうまく表現できないから，対応できないイライラが言葉以外の表現になります。家庭内で家族にふるう暴力や，親を傷つけたくなくてモノに当たる代償行為は，その典型例ですが，それらは相手への攻撃が目的ではありません。

世の中には，「ひきこもりは甘えや怠け」「ここまで放置してきた親のしつけの責任」などといった偏見や誤解が強いため，家族の中には子の存在を「家の恥」と考え，周囲に知られないよう息を潜めて生活している人もいます。誰にも相談できないまま，親子が高齢になるにつれて，最近「8050問題」とよばれる問題も顕在化するようになりました。こうして，家族全体が地域で孤立してしまっているのが現実といえます。

孤立することの弊害は，適切な判断ができにくくなることです。俯瞰的な情報を得られなくなるし，周囲に責められるのではないかと脅え，関係性を絶ってしまいます。そんな追いつめられる家族の空気を敏感に感じ取って，「働かなければいけない」と自分で自分を責める。あるいは，「親の介護は家族が担わなければいけない」という周囲の無言のプレッシャーに脅えます。こうして追いつめられれば，自分を客観視できにくくなり，命を失うようなリスクにもつながりかねません。

３　親の先回りは子のできる力や判断力を奪う

従来「ひきこもり支援」を考えるうえで，「ひきこもり」状態に至るのは，「自己責任」とか，「個人に問題がある」などとして，対象者を社会に適応させるための訓練やトレーニングなどに重きが置かれてきました。しかし，それぞれが生まれながらに持っている「不器用さ」や，「集団生活になじめない」「清掃ができない」「感覚が過敏」といった発達特性など「見えない特性」への理解や配慮がないことから，トラブルや事件も実際に起こっています。

中でも，世の中に大きな衝撃を与えたのは，2019年６月１日，東京都練馬区の自宅でひきこもり状態にあった当時44歳の長男を刺殺した，元農林水産省次官による事件でした。

長男に手をかけて逮捕された元次官（当時77歳）は，2021年２月，東京高裁で懲役６年の実刑判決が確定し，収監されました。被害者の長男は，事件の少し前，発達障害の「アスペルガー症候群」と診断されていたことが明らかになっています。

１審の証人尋問などによると，長男は，有名進学校に入学後，人付き合いが苦手で「いじめ」に遭いました。そして，大学卒業後，仕事が長続きせずにひきこもります。

一方で，元次官も，長男は一般の就職が難しいと考えたのでしょう。「アニメ関係に就きたい」という長男をアニメ学校に通わせたり，制作プロダクションに紹介しても不採用だったために大学に戻したり，親族の病院に勤務させたりもしましたが，長続きしませんでした。また，長男が賃貸収入で生活できるようにするなど，父親は父親なりに考えて尽力していたようです。

ただ，一般的に，本人の状態や意思を無視して親が良かれと思って行った「先回り」は，逆に本人を傷つけ，できる力や自らの判断力を奪うことにもなりかねません。

仕事が長続きしない，あるいは，就労したり辞めたりを繰り返す。周囲の期待に応えようとして，社会につながろうと頑張ってきた人ほど，そのたびに消えてしまいたいと思うくらいに傷つけられ，絶望が積み重なっていきます。そんな本人たちに，「なぜ長続きしないんだ？」「なぜ働けないのか？」などと，周囲に理解者がいないまま責められて，つらい言葉を投げかけられれば，本人たちの逃げ場はなくなり，ますます追いつめられてトラブルになる可能性もあるでしょう。

｜４｜写真のように覚えている嫌な記憶に苦しんだ

事件の話に戻すと，１審の証人尋問で，母親は「長男が中学２年の頃からいじめられて帰ってきては私に当たった」「掃除ができず，“ごみ掃除しなきゃ”

と言うと暴力を振るわれた」「ただ，暴力は他人には振るわれなかった」「人と会話ができない。空気が読めない。掃除ができない」「アスペなんかじゃなく，普通の子に産んであげればよかった」などと証言しています。

また，この証人尋問で，主治医の精神科医は，「環境を変えていくことが苦手でごみがたまる」「学校生活は相手の反応に応じて臨機応変に対応していかないといけない集団生活なので，強いストレスを受けて家で爆発したのではないか」と指摘しました。

前述したように，学校や職場などでの集団生活が苦手で強いストレスを受け，ひきこもらざるを得なくなった人は少なくありません。そこには，本人も周囲も気づかない「見えない特性」の影響の可能性があったこともわかります。

長男が「アスペルガー症候群」と診断されるのは，家にこもるようになった後の2015年になってからのことでした。しかも，多くの当事者がそうであるように，本人は「ひきこもり状態」だったため，医療機関に行って直接，診てもらったわけではありません。だから，診断を受けた2015年のときも「アスペルガーの疑い」という間接的な医師の見立てでした。たまたま長男が医療保護入院することになり，「アスペルガー症候群」の診断が確定したのは，実に事件が起こる１年ほど前の2018年のことでした。

長男がふだんから掃除や集団生活が苦手だったことも，また「写真のように鮮明に覚えている嫌な記憶に苦しんだ」（主治医の証言）ことも，発達の特性の１つだったと推測されます。多くのひきこもり当事者たちと同じように，今の生きづらさの深層にある「嫌な記憶」は，学校時代のいじめや，子どもの頃に遭ったトラウマ体験だったのではないでしょうか。もっと早い時期に，そんな特性への配慮や周囲の理解，必要な社会資源の情報を得られる機会があれば，違った展開になっていたかもしれません。

筆者は2020年12月15日，正当防衛を訴えて控訴した元次官に対する控訴審の被告人質問を東京高裁（三浦透裁判長）で傍聴しました。

スーツ姿の元次官は，じっと目を閉じて開廷を待っていました。１審では「もみあいになる中で何度も刺した」「罪を償うことがいちばん大きな務め」などと述べています。控訴審でも，弁護側の質問に「息子には申し訳ないことをした」と罪を償いたい気持ちに変わりはないと強調していました。

ところが，控訴審になると１審の判決理由に対しては「自分の供述が信用できないと言われたことに納得できません。真実を正直に述べています」などと繰り返しました。

また，元次官は事件当日，６日前に「すさまじい形相で暴行を受けた」ときに「殺すぞ」と言われたことを思い出し，「殺されると思って反射的に体が動いて包丁を取りに行ってしまいました」などと証言。弁護側は，専門家から「急性ストレス反応（パニック）で記憶が飛ぶことも理解できる」と診断されたことも紹介しつつ「供述が信用できないとされたことが控訴の最大の理由」であり，「正当防衛」「誤想防衛」であるとして，無罪か執行猶予付きの言い渡しを求めていました。

｜５｜もう少し息子を信じてあげられれば…

元次官は，控訴審の被告人質問が行われた当時，事件のあった自宅で妻と２人で支え合い，息子の供養を毎朝，毎晩していたといいます。また，友人や近隣から温かい言葉をかけられ，1600通余りの嘆願書も２度，３度と読み返すなど，「改めて感謝とともに，自分はどうすべきだったのかを何度も考えたい」と話していました。そして，「息子がアスペルガー障害の疑いがあると診断され，社会には精神疾患や障害を持っている人が数多いのに，人によっては支援の輪が届かない。農業は１つの有効な手段。今後，お手伝いできるなら手伝いたい」などとも述べています。

一方，検察側からは，何も質問はありませんでした。こうして，10人の弁護団をズラリと並べた元次官側の控訴は棄却され，１審の判決が確定しました。この間，１審では，長男がツイッターで，「忘れよう　悪い夢だったんだ」「両親はテストで悪い点を取ると玩具やプラモを壊す」「肉体は健康だが，脳はアスペルガー」「挨拶が殴る蹴るだった。一度心が折れるとどんどん悪くなる」「子供は親の所有物ではありません」などとつぶやいていたことが報告されました。ドラゴンクエスト10を通じて長男と交流のあった人の証言によれば，「長男は，お父さんを尊敬していて誇りに思っていた」といいます。また，「最も尊敬するお父さんに理解してほしかったのではないか」とも証言しています。

長男はツイッターに，自らの身体を「呪われた体」と書き，悩みを抱えながら生きてきました。前出の交流のあった人には「いま幸せですよ」と，自分なりの生活に楽しみを見つけ出していたといいます。「その人生を奪う権利はない」と論告求刑した検察の主張は，筆者にはその通りだと感じられました。

他に取りうる手段があったのに，息子の殺害を選んだわけです。父親は社会に対して，どう思っていたのでしょうか？　もう少し息子を信じてあげられれば…。１つ１つの積み重ねが違っていたら…と思わざるを得ません。

関西地方の当事者会と家族会の31グループで構成する「さかいハッタツ友の会」の石橋尋志代表は，１審の判決後，発達障害の子を持つ両親向けに緊急声明（2019年12月18日付「石橋代表個人のブログ さかいハッタツ友の会」）を出しました。石橋代表は2019年12月19日配信のYAHOO!ニュースで当時，筆者にこうコメントしています。

「団塊世代の両親は，右肩上がりの昭和の時代に生きてきたから，頑張れば結果が出た時代でした。でも僕らがいま生きているのは，頑張っても結果が出ない時代。社会がまだ昭和の価値観を引きずったままだから，結果が出ない人は頑張っていないとみなし，自分の子をつぶしているのに気づいてない親が多いんです」

石橋代表は，そうした背筋の凍るような価値観の支配を「昭和の呪縛」だと表現していました。

「社会で生きてほしいと思うのなら，親は口出ししないこと。働いてほしいと思うのをやめれば，結果として働くようになります。就労支援に行かそうとすると，余計就職できなくなります。発達特性を持った本来の子の個性的な姿を見ずに，『親としてどうあるべきか』とか，『よそ様に恥ずかしくないように』とか，自分が恥ずかしくないように，という子育ての仕方は，昭和と違って今の時代には間違っていることが，事件で明白になったのではないでしょうか」

６　家族がホッとすれば本人も安心できる

また，清掃ができない特性を持った長男に，元次官は「迷惑をかけるから」と，清掃してごみを出すよう繰り返し指示していたといいます。しかし，家族などの周囲は，本人が苦手にしていること，できないことを“なぜできないの？”と責めるのではなく，できたことを肯定的に評価するなど，温かく理解することが重要です。

裁判で，学校や行政に相談しなかった理由を尋ねられた元次官は，「(第三者に）相談するのは精神的に余裕がなかった」「相談すると，親子関係が悪くなるだけだと思った」などと明かしていました。実際，家族会には，子どもに内緒で参加する人がほとんどです。しかし，そのことを子どもに知られてトラブルになった事例はあまり聞いたことがありません。それは，ひきこもる子の多くは，親にもっと理解してもらいたい，学習してもらって意識を変えてもらいたい，と思っているからです。

元次官は「職場に迷惑をかける」ことも気にしていたように見えます。息子を殺したいと考えるくらいなら，その前にまず，同じように悩み苦しんできた仲間たちのいる「ひきこもり家族会」などの当事者団体に相談してほしかったと思います。

前出のKHJの2021年度調査報告書によると，家族会に参加して変化があったと答えた人は，約73%にも上ります。実際「気持ちが楽になった」「子どもへの対応・考え方が変わった」「子どもに対する接し方を学べた」「元気をもらえた」などと多くの家族が記述されていました。

家族会では，悩みを受け止めてくれるし，失敗体験や医療機関などの支援に関する口コミ情報も収集することができます。仲間に愚痴を聞いてもらうだけでも，親子関係の悪化は避けられます。何よりも，自らの家庭だけで悩みを抱え込んで，頑張れば頑張るほど，親子関係が悪化することのほうが多いのです。

親は，自分自身を許せなくなるから，子も許せなくなります。ひきこもる本人も，家族の孤立や抱え込みが本人をますます追いつめることを実感で知っています。家族会に行けば，同じような親子問題で悩んでいる家族がたくさんいて，悩んでいるのは自分一人ではないということを知ることもできます。

元次官は裁判で，「もう少し息子にアニメの才能があれば……かわいそうな人生を送らせた」と語っていました。しかし，それが本心だったとしても，長男がそんな気持ちを聞かされたとしたら，どう思ったことでしょうか。元次官は，行政のトップまで上りつめただけに，自分が助けることはあっても，自分が助けを求めることはできなかったのではないかと思います。

憔悴していた家族がホッとすれば，親の期待に応えられずに申し訳ないと感じていた本人たちも，親の表情を見て安心できます。親が自分自身を責めることがなくなり，口コミでそれぞれの状況に見合った社会資源の情報を入手できるようになれば，それによって本人の選択肢が広がるし，生きる希望や意欲も生まれます。結果的に，自らがそれぞれのタイミングで判断して，動き出すことにもつながるはずです。

７｜復讐する方向でしか生きられなかった

2017年３月，大分県宇佐市の「こども園」を襲撃したとして逮捕され，実刑判決を受けたのは，ひきこもり歴約15年の 30代男性でした。事件として切り取れば，男性は加害者でしたが，小学生の頃からいじめに遭い，中学時代もいじめが続いた末，高校入学後にまもなく対人関係に苦痛を覚えて中退。以来，自宅にひきこもるようになったという事件に至るまでの経緯や背景に注視する必要があります。

１審の検察側の冒頭陳述によると，男性は「広汎性発達障害」の一種で「自閉症スペクトラム症候群」に含まれる「アスペルガー症候群」でした。男性は，同症候群の特徴である聴覚過敏とフラッシュバックが組み合わさって，近隣のこども園まで園児の送迎に来た自動車のマフラー音や職員らの話し声などが騒音のように聞こえ，不満を募らせていったとしています。

「自閉症スペクトラム」とは，生まれつき脳の一部機能に障害がある「発達障害」の中でも，相互的な対人関係の障害，コミュニケーションの障害，興味や行動の偏り（こだわり）の３つの特徴が表れるとされています。また，「広汎性発達障害」のかなりの割合の人に「視覚」「聴覚」「味覚」「触覚」などの感覚に対し，特定の刺激に苦痛を感じる「感覚過敏」という症状が見られるという報告もあります。しかし，検察は「刑事責任能力は問える」と判断。男性は，傷害罪のほか，建造物侵入，銃刀法違反，強盗未遂，住居侵入の罪に問われました。

筆者は，１審の裁判を傍聴し続け，男性にも大分県中津市の拘置所で何度も面会しました。

「もともとは，悪ではなかった。地域がきつかった。人生が楽しかったのは幼稚園まで。小学校のときからいじめを受け，自分の人生は終わってしまった」

筆者が面会に行くと，男性は堰を切ったように，ためていた思いを打ち明けてくれました。差し入れた書籍の記述を隅から隅まで記憶する特性を持ち，一方で筆者のことを一生懸命に気遣ってくれる，頭が良くて優しそうな青年でした。

ところが，そんな彼が口にしたのは，「（いじめた相手を）復讐する方向でしか生きられなかった」という，ひとりぼっちでつらかったというこれまでの半生の胸の内でした。

｜８｜拘置所で初めて人間らしい扱いをされた

両親によると，男性は幼稚園の頃は明るく活発で，友人も多かったといいます。しかし，小学校に入ると，１年生のときから集団登校で上級生たちにいじめられていたことを後に打ち明けられたそうです。

学校に集団登校する 40～50分間，登校班のリーダーらに旗で叩かれたり，カバンをすべて持たされたり，「ばい菌」などと言われたりしたこともあったそうです。学校に行ってからも，トイレの個室に入ると，からかわれたり，のぞかれたりすることが長期にわたって続き，やがて大便を我慢する癖までついたようだと，家族は記憶しています。

「いきなり人の悪意に触れて，相当ショックだったのではないか。でも子どもだから，当時，そういうことをうまく私たちに表現できなかったのでしょう」

小学３～４年の頃，父親が一緒に風呂に入ったとき，男性の体にあざを見つけ，「どうしたの？」と聞くと，「転んだ」と答えました。でも，転んでできるようなあざには見えなかったそうです。

そのうち，だんだんと学校に行かなくなりました。朝，登校する時間になると，必ずトイレに入ってひきこもるようになりました。その後，起きなくなりました。

学校の担任教諭に相談すると，「いじめなんてありません」「みんなと一緒にサッカーして活発に遊んでいますよ」などと説明されたといいます。そればかりか，担任が「児童会に立候補してくれ」という理由で，無理やり家から学校に引っ張って行ったこともありました。どんな地獄のような日々を男性は送ってきたのだろうと想像できます。

家でひきこもるようになってから，男性は両親の店の仕事を手伝うようになりました。しかし，その頃から，自宅でも「誰かがいる」などと言って，男性はかがんでしまうようになりました。

実際，男性が「遠い所で車の音が聞こえる」というと，家族には何も聞こえないのに，しばらくして，本当に車が家の前を通過していきました。男性の耳は，どんどんと研ぎ澄まされるようになっていったといいます。両親は「いじめの後遺症だったのではないか」と振り返ります。

事件が起きる前，家族にとってのいちばんの懸念は，子どもがひきこもり状態のまま両親も高齢化していくことによって，「親子共倒れに近づいていく」ことでした。

母親は，地元自治体の精神保健の相談窓口を訪れました。ただ，窓口で紹介された精神科医から「本人を連れてこないとダメです」と対応を断られ，相談をあきらめたといいます。いわゆる「支援の途絶」でした。

両親によると，その後，本人からは「殺してくれ」と言われるようになりました。地域の支援制度の狭間に置き去りにされ，孤立して情報もない家族が現実にできることは，もはや何もありませんでした。

男性が，どれだけしんどい思いをして生きてきたのか。周囲には知る由もありませんでした。「アスペルガー症候群」と初めて診断されたのは，事件になって逮捕された後の約４カ月にわたる鑑定留置の精神鑑定によってでした。ちょっとした物音が，男性にはガーンという騒音のように聞こえる「聴覚過敏」という発達障害の特性を持っていることに，周囲が早く気づいてあげられていれば，もっと違った接し方や配慮をすることもできたのかもしれません。

前述したように，筆者がネットなどを通じて関わってきた「ひきこもり状態」にある人の背景や状況は，１人１人違うものの，多くの人に共通するのは，学校や就労現場の人間関係に恐怖を感じていることでした。取り上げた男性だけでなく，周囲の環境によって「ひきこもりさせられている」人たちの多くは，言語化したくてもうまく伝わらないもどかしさを抱えながら，悩みを言える相手もいないのが実態なのです。

男性は，筆者が拘置所で面会したとき，ふとこう漏らしました。
「この拘置所に来て，初めて人間らしい扱いをされたように思います」
それくらい，これまで人の優しさに触れることがあまりなかったのかもしれません。

｜9｜大事なのは不安を取り除く悲嘆のケア

ひきこもる本人たちが親から最も言われたくない言葉は，「いつまでこんなことをやっているんだ！」です。そして，「働け」の一言は，トラブルや事件に至る最後の一押しにもなっています。

大事なのは，本人の意識を変えようとしたり，無理に外に出そうとしたりすることではありません。まずは本人の中にある不安や恐怖を取り除くことであり，そうした「悲嘆のケア」が「ひきこもり」支援者の仕事であるべきだと思います。そして，本人が心を開いて何かを発信してきたときには，「そうだね」とまずは受け止めることです。さらに，アイデアや意見が出てきたときには，「すごいね」などと褒めることが，周囲から否定されることしかなかった本人を励まし，気持ちを奮い立たせてくれる魔法の言葉になるのではないでしょうか。そうした言葉をかけてくれる理解者と出会えることに，人とつながる意味はあるのだと思います。

ひきこもっていたとしても，皆，家の中で頑張って生きている状態です。ひきこもりながら生き延びている場を大切にし，家の中を安心できる環境にすることが，自らのタイミングで動き出せるきっかけになっていることは，家族会の事例でも数多く報告されています。今は家の中が居場所になっていますが，家の外にも出かけられる場ができることは，本人にとっての目標になり，生きていく意味にもつながっています。そんな本人と唯一，コミュニケーションできる家族は，前述したように外の社会資源などの情報を収集し，本人に伝えることができる重要な役割を担っています。だからこそ，ひきこもり支援者は，本人に会うことを目的にすることよりも，本人を支える家族に寄り添って，家族の意識を変えてもらうようサポートしていくことが求められているのです。

なぜなら，世間の「ひきこもり」イメージは，「家の中で何もしない」「怠け者」という偏見や誤解が根強くあり，メディアの制作者も先入観に基づいた想像上の絵を演出で描きたがります。ところが，現実はそうではありません。

ひきこもりしている本人たちは，基本的に何かしらの家事の一端を担っています。前出のKHJの2021年度調査報告書によると，本人が家庭内で貢献している家事等を聞いたところ，風呂掃除，食事作り，食器洗い，掃除，買い物，洗濯，ゴミ出しなどと数多くの家族が回答しました。家族からすれば，そんなの当たり前じゃないかと思われるかもしれません。しかし，本人たちにすれば，いつも家にいて親や家族に迷惑をかけているという後ろめたさを抱えながら日々過ごしているからこそ，少しでも家族の役に立ちたいと思って，大なり小なり自分にできる範囲のことをお手伝いしているのだと思います。

「家の中のことを手伝ってくれて，ありがとう」「助かった」などと感謝の一言を言うだけで，本人たちは「自分が役立っている」「自分にも価値がある」という役割を実感できることになるのです。

｜10｜支援者が親と同じことを言うのはNG

ひきこもりしているというだけで，これまで周囲から責められ，否定されてきたこともあって，「自分は生きている価値がないのではないか」「世の中に必要とされていないのではないか」と思わされている人たちが多いと思います。誰かに「生きてね」と言ってもらえることは，本人たちにとってどんなに心強く感じられるでしょうか。そして，その一言が，生きるための源泉になっていくのでしょう。

誰かに肯定してもらえると，生きるためのエネルギーはチャージされていきます。日常会話で「今日，何かいいことあった？」と周囲が聞くだけでも，肯定感は生まれるように思います。

とはいえ，親世代の価値観，とくに父親の意識は，なかなか変わるものではありません。これまで競争社会の中でさんざん頑張ってポジションを勝ち取ってきた世代であり，成功体験の自信があるだけに，自分と比較して「我が子は頑張っていない」「なんで，うちの子だけできないんだ」「もっと頑張れ」などと叱咤激励をしてしまいがちです。でも，本人たちも十分に頑張ってきた結果，今は家の中に待避せざるを得なかったことがなかなか理解できていません。子どもたちが生きてきた今の社会の現実や苦しみ，痛みを想像することが大事です。

親は，世間や場の空気を見ています。働けない我が子を見て，「家の恥」という意識から，子の存在そのものを周囲に知られないように生活していることも少なくありません。親もまた，周囲から責められているような気持ちから，子育てに失敗したという思いから自分自身のことも許せなくなって，家庭の中でもふだんから険しい表情になりがちです。

でも，親たちもここまで頑張ってきたのだから，まず自分もよく頑張ったなとホメてあげてほしいと思っています。そして，親自身が気持ちを楽に持てるようになるために，「私は私の人生を生きよう」ということを繰り返し実践することです。親が自分のことを認められるようになれれば，幸せな気持ちになれますし，子も親の呪縛から解放され，ホッとできて救われることになります。

ひきこもる本人は，基本的に見知らぬ人が「支援者」を名乗って，自分の“生存領域”である家にアウトリーチしてくることを脅威に感じ，とても警戒しています。そこで前述したように，周囲や支援者には家族に寄り添って家族をサポートしてほしいとお願いしています。疲弊している家族の愚痴を聞いてあげるところから始めて，同じ方向を向くことです。そして，唯一本人と関われる家族に客観的で俯瞰的な情報を提供し，本人への声のかけ方や接し方などの具体的なアドバイスをしていくことが大事です。

親子が対立していて介入することになったときは，子の味方に立たないと，敵認定されることになります。第三者である支援者が最もやってはいけないことは，親と同じことを言うことです。

家庭の中で，子どもとの距離が近すぎて，ソーシャルディスタンスの取れていない親が多いように思います。子どもと向き合うのではなく，同じ方向を向くことが必要なのではないでしょうか。

| 11 | 「ひきこもり相談」窓口の伝え方を工夫

現在の公的な「ひきこもり支援」現場の取り組みは，前述した「生活困窮者自立支援法」のもとに，都道府県と政令指定都市，県庁所在都市に開設されている「ひきこもり地域支援センター」が，ひきこもる本人や家族の第１次相談窓口を担っています。また，全国の基礎自治体の自立相談支援機関窓口においても，家族も含めた「ひきこもり」についての相談にのるよう国から通知が出され，2020年度からは，様々な部署と地域の社会資源，家族会などの当事者団体とネットワークで連携する「市町村プラットホーム」づくりが３か年計画で進められています。

しかし，当事者たちから見たときに，「ひきこもり」相談窓口であることをわかりやすく明確にうたっているのは，まだ一部の自治体に過ぎませんし，設置されていても支援を必要としている当事者たちのもとには情報が届いていないのが現実です。

例えば，中核都市としては初めて「ひきこもり」に特化した相談窓口である「ひきこもり相談支援課」を2019年７月に開設した兵庫県明石市では，弁護士が課長に就任し，これまで相談につながれなかったひきこもり本人や，8050世帯などの家族からの電話が急増しました。同課では，介護や就職，病気などの多様な背景や要因にも臨機応変に対応し，電話相談やメール，面談，訪問など，一人ひとりの実情に合わせた丁寧な支援を提供しているといいます。

東京都江戸川区は，斉藤猛区長が福祉部長出身で「ひきこもり」について以前から関心があったこともあり，区民や民生委員，行政機関へのアンケート調査結果を踏まえ，2020年度から生活困窮者自立支援法の自立支援窓口の担当課の中に「ひきこもり施策担当係」を設置しました。この相談窓口については，区のホームページや区報で周知。電話やホームページの相談フォームからもやりとりができます。また，区内の様々な関係機関を回ってヒアリングを行った結果，ケアマネージャーが所属する居宅介護支援事業所などでも，訪問先の家庭でひきこもる子のいるケースが多々見られることから，人口70万人規模の都市部では全国に例のない全戸実態調査を実施。給与所得者や行政サービス受給者等を除外した約24万人に対象を絞り，調査票を郵送するなどした結果，ひきこもり者の51.4%が女性，18.4%が配偶者・パートナー，ひきこもり始めてから３年未満が44.9%という新たな実態が明らかになりました。

一方で，当事者の中には抵抗感を持つ人もいる「ひきこもり」や「発達障害」という言葉を使わず，ネーミングに工夫を凝らす自治体もあります。

神奈川県大和市は，大木哲市長自らが「ひきこもり」の支援窓口を明確化する必要があると考え，本人や家族に寄り添って支援していきたいとの思いから，より温かみのある「こもりびと」という呼称をつけ 2019年10月から「こもりびと支援窓口」を開設しました。同市は，専任の相談員「こもりびとコーディネーター」と専用電話を設置し，幅広く広報したこともあって，2020年12月時点で 126人から相談を受けたといいます。

「こもりびとコーディネーター」の佐伯隆宏氏によると，まず家族間で挨拶から始めてもらい，将来や就労の話を脇に置いて「対話」をするよう推奨しているといいます。そして，コミュニケーションの回復を図りながら，絡み合った糸のようなこじれてしまった関係を解きほぐしていくための解決の糸口を探していきます。そのためにも，双方の言い分を「聴く」ことはとても大切な作業になると紹介しています。

この「こもりびと」の呼称は，2020年11月に放送された NHKスペシャルドラマのタイトル（ひきこもり家庭を描き，筆者も監修協力したドラマ『こもりびと』）にも使われるなど，世間にも広く認知されています。

また，目黒区のように，福祉のワンステップ窓口として「福祉のコンシェルジュ」を 2019年４月から開設している自治体もあります。同区の「福祉のコンシェルジュ」は，縦割りの弊害を取り除くことを趣旨とするもので「改正社会福祉法」成立の前から，福祉全般の相談を丸ごと受け止め，相談者に寄り添いながら，「8050問題」や「制度の狭間」などの複数の課題を整理し，多機関と連携しながらサポートしていく役割を担い,「目黒モデル」とも呼ばれています。

区民が申請すれば，制度にのせられないような対象者であっても，看護師などが無料で自宅に訪問して様々な困りごとの相談にのる「訪問保健相談事業」も大きな特徴です。

| 12 | 介護者の 92％が「ひきこもり」同居者把握

前出の東京都の「ひきこもりに関する支援状況等調査」によれば，地域包括支援センターの回答者277件のうち，担当する地区内に住む「ひきこもり状態」の同居者を把握しているのは 256件もあり，全体の 92.4%を占めました。

また，「担当する地区にひきこもりの状態にある方がいることを新たに把握すること」の頻度についても聞いています。「月１件程度」，つまり毎月新たに把握している機関が5.1%で，20件に１件にも上りました。

さらに，「その他」の中で，「月１件以上」や，「年間通して10～20件位」と答える機関もあり，都内のどの地域でも相談できずにいる人が毎年，把握されている状況がわかります。また，見えにくい困りごとや，生活の支えを必要としている「8050世帯」が潜在化している実態をうかがわせるエビデンスとしても注目されます。

調査では「高齢の親が収入のないひきこもり状態にある中高年層の子供（おおむね40歳以上）の生活を支え，社会的に孤立している，いわゆる「8050」ケースの家庭への支援にあたり，課題と感じていること」についても，複数回答ありで聞いています。それによると，「家族から相談があっても，当事者が相談・支援を望んでいない」が75.1%の208件と最も多いのです。また「相談・支援に至るまで長期間経過しているケースが多く，対応が難しいと感じる」が59.2%の164件，さらに「当事者・家族が抱える悩みが多岐にわたっているため，対応に時間がかかる」が39.4%の109件と続きました。

一方，民生委員・児童委員の回答者1747人のうち，担当する地区内に住んでいる「ひきこもりの状態にある方」を把握しているのは，37.7%の658件でした。把握した方法は（複数回答あり），「近隣住民からの情報提供（相談）」が最も多く45.4%の299件，「家族からの相談」が36.0%の237件。「ひきこもり状態にある方が中高年層（おおむね40歳以上）である場合の課題として感じていること」（複数回答あり）については，「中高年層の当事者がいる家庭の存在を把握したことがない」が43.6%の762件と最も多いことから，とくに地域の名士でもある民生委員には知られないよう，息を潜めて生活している実態が浮き彫りになっています。

13 ｜先駆的ひきこもり支援を行うカリスマ

前述したように，「ひきこもり」は比較的新しい概念であることから，その支援方法も個人の裁量に委ねられている場合もあります。

例えば，山口県宇部市の山根俊恵山口大学教授（保健学），山梨県精神保健福祉相談員の芦沢茂喜さん，大阪府豊中市社会福祉協議会の勝部麗子さんらカリスマ的な人の存在です。

山口大学の山根教授は，精神科看護師として退院支援と訪問看護を務めた後，ケアマネージャー（以下，ケアマネ）を７年間経験してきました。「自立支援」を謳って家から「引き出し」する支援手法によるトラブルが社会問題になる中，山口県宇部市にあるNPO法人「ふらっとコミュニティ」で，月１回の家族心理教育実践編を５グループ開催し，全国から家族や支援者が相談に訪れるほか，ひきこもり家族会や居場所支援，アウトリーチ，当事者会なども開設しています。

また，地域のケアマネ向けに『“8050問題”の基本理解と支援のポイント』というテキストを作成。支援者がやってはならないことの１つに，親に対する説得や助言などの「否定」があるとして，まずは親の思いをしっかりと聞き，問題解決を急がず，家族とともに揺れながら寄り添う支援が大事だと訴えています。そして，背景にある本人の生きづらさを知り，「孤立」から「社会」につながる接着剤のような役割を担うことが基本だと指摘しています。

山梨県精神保健福祉相談員の芦沢さんは，『ひきこもりでいいみたい』『ふすまのむこうがわ』（いずれも生活書院）などの著書も出しているソーシャルワーカーです。自宅にアウトリーチした際，たとえ本人に会えることになったとしても，警戒する心情を理解し，「あなたの利益は守る」「何かあったら言ってください。私から親御さんに伝えます」などと伝えるだけで，強要するようなことはしない。むしろ，親子の間に入って本人の怒りや思いを親に代弁するようなことさえしていると言います。

芦沢さんの訪問スタンスは，初回で自分の立ち位置を定めて本人や家族に伝え，折り合いをつけるというものです。事前の家族などからの話や自分の立場などを考え，家に入り，本人に会った感触で，伝える内容，伝え方などを変えているそうです。

山梨県では，芦沢さんも加わりひきこもり支援に関わる人たちを対象に，具体的な対応方法も交えた情報交換会や学習会なども進められています。

勝部さんのいる大阪府豊中市社会福祉協議会では，2004年から地域にコミュニティソーシャルワーカー（CSW）を配置し，「ひきこもり」，「ホームレス」，

「DV」,「発達障害」など制度の狭間に取り残された課題のある人の相談にのってきました。また，2008年から発達障害者家族交流会を立ち上げ,「就労」や「ひきこもり」に悩む青年期の家族交流会での親たちの思いを受ける形で,「びーのびーのプロジェクト」（ひきこもりなど就職に距離のある人たちの居場所づくり）を手がけてきました。

勝部さんは，地域に数多く潜在化していた困難を抱える孤立した高齢親子世帯を見て「8050問題」とネーミングした名付け親としても知られています。

こうした「カリスマ支援者」たちに共通するのは，ひきこもりをしている本人に「就労」や「自立」を迫るのではなく，本人や家族の困りごとや望んでいることなどに寄り添って同じ方向を見る「寄り添い力」を大事にしていることです。前述したように,「悲嘆に対するケア」によって，当事者たちの中にある不安を取り除くことから始めているのです。

しかし，全国的には，日々疲弊する家族に，制度の狭間に取り残された「ひきこもり」「8050問題」「大人の発達障害」などへの対応を適切に実践できる専門家は，なかなか見当たりません。現場では，地域のケアマネなどが，8050問題のような困難を抱えた孤立家族の存在を知っても，どう関われればいいのか，どこにつなげればいいのか，アプローチ方法などの情報が共有されていないのが現実なのです。

14 ｜取りこぼさない仕組みを実践する自治体

カリスマ的な人たちの支援手法は，テクニックやスキルなどでパターン化できにくく，たまたま求人を見て入ってきましたというような支援者が真似してできるものではありません。ひきこもり状態にあった人の心情や，医療への抵抗感，不信感などをわからずに,「見えない発達特性」に対する理解，細やかな配慮などをきちんと学習していなければ，当事者を傷つけてしまい，取り返しのつかないようなことにもなり得ます。

ひきこもる心情や特性への理解については現在，全国で「ひきこもり支援」に関わっている人たちへの共有化が課題であり，人材育成のための研修は急務です。何度も言いますが，目標は「就労」ではありません。まずは「孤立」の背景にある「何に不安を感じているのか」を受け止めて，そのしんどさに丁寧に寄り添う悲嘆のケアが，孤立を防ぐ有効なアプローチになると思います。

カリスマはいなくても，いち早く「ひきこもり支援」の取りこぼさない仕組みを作って実践してきた自治体もあります。

“8050問題先進自治体”の１つと言えるのが，2017年４月にいち早く基礎自治体では全国初となる「ひきこもり支援センター」（愛称“ワンタッチ”）を開設した，岡山県総社市でしょう。

“総社モデル”と呼ばれるこの取り組みは，市の後押しを受けて，社会福祉協議会の中に「ひきこもり支援センター」の専門相談員２人を配置。相談員が，電話やメール，来所，訪問で無料の相談に応じてきたほか，民生委員らを通じた実態調査や，ひきこもる人たちやその家族などが気軽に立ち寄れて安心できる「居場所」づくり，相談員と一緒に本人や家族をサポートする「ひきこもりサポーター養成講座」の開催，ひきこもり家族会の立ち上げなど，当事者たちそれぞれのニーズに合わせた対応をしてきました。

専門相談員は，情報があれば必要に応じて，本人や家族への家庭訪問も行っています。こうしたきめ細かな対応ができるのも，「ひきこもり支援」に特化した部署だからです。ただ，「ひきこもり」とは断定できないとか，自らを「障害ではない」と捉えているとか，どこにも該当しないグレーゾーンにいて居場所を探している人が多いことから，どういう選択肢があるのかを提案し，本人の選択で就労した仕事が失敗したとしても，「別の方法ででも頑張れるんだ」と気づいてもらえるように促すような取り組みをしていると言います。

また，札幌市では2018年６月から，ひきこもり当事者たちでつくるＮＰＯ法人「レター・ポスト・フレンド」と同市「ひきこもり地域支援センター」との協働で，市から受託された公設民営の居場所「よりどころ」を運営しています。コロナ禍の2020年は，当事者会も家族会も中止になって社会につながろうとしていた人たちが元の生活に引き戻される中，コロナ対策会議の席上，Zoomを使用した「オンライン居場所」や「オンライン家族会」を提案したのが，「レター・ポスト・フレンド」代表の当事者である田中敦さんでした。

筆者が協力している江戸川区のオンライン居場所事業では，ハイブリッド型（リアルとリモート）をスタートさせ，入りにくい心情に配慮して，“のぞき部屋”

も用意しました。

｜15｜望んでいるのは勝ち負けの競争ではない

従来の「ひきこもり支援」は，就労という結果を出そうと行われてきました。しかし，ひきこもり傾向のある人たちは，人から頼まれると断れない性格の人が多く，中には，勧められるままに就労できてしまう人もいます。しかし，自分の意思ではなく無理しているために，たとえ就労できたとしても持続できずに辞めてしまうことも少なくありません。本人の意思の形だけの“同意”で，言語化できずにいる特性を無視して集団生活に適応させようとしても馴染めるわけはありません。判断するのは，支援者である他人でなく，本人自身です。そのためには，自分の心を客観視して受け入れる作業が，本人にとって必要になります。その膨大な作業と時間に付き合ってくれる第三者の存在がカギになります。

ひきこもり支援を行う自治体の意識には，温度差があります。本人や家族の心情に対する理解不足，学習不足に加え，従来の縦割り，異動による引き継ぎの雑さによって，当事者たちを傷つけていることが多いのです。

生活困窮者自立支援法の「生活困窮」という文言から，「支援対象者は経済的に困窮しているかどうか」で線引きされていた一面もありました。例えば，「親が年金生活者」，「自宅が持ち家」，「同居している本人も働き盛りの世代」という前提で見られ，たらい回しにされます。そうではなく，「つながりの困窮」（社会問題）として捉えていかないと，孤立が取りこぼされ，命のリスクにもつながりかねません。

さらに，一度レールから外れると，やり直すのが難しい社会構造があります。勝ち負けの競争社会の中で，敗者復活戦に参加できる選択肢すらなくなってしまいます。

働くことが前提の世代がひとたび社会のレールから外れたとき，社会には再び戻れる道が想定されていません。「学校や職場に行くと自分が壊されてしまう」という恐怖と不安の中で，周囲からひきこもる行為を責められ，恥ずかしいからと家族に隠されることも多く，ますます身動きが取れなくなっていきます。

「望んでいるのは勝つことではなく，平穏な暮らし」だと，ひきこもった本人たちは言います。

筆者も含めた昭和世代の価値観がつくりだしてきたものは，「勝ち組」か「負け組」かによって，人間の価値が評価される社会でした。しかし，そうではなくて，多様な生き方が当たり前の権利として認められる社会になっているのかどうかが今，まさに問われています。ひきこもり支援とは，そんな筆者たちの中に刷り込まれてきた「昭和の価値観」との闘いなのではないでしょうか。

｜16｜新たな「ひきこもり支援の認証評価」を

ひきこもる本人や家族などと対話を続けている筆者たちは，地域や社会の環境が精神疾患や発達障害，ひきこもり状態の人を恐怖に感じたり，世間体を気にした家族が隠そうとしたりして，当事者を追いつめていくことを「社会的監禁」と呼んでいます。自分だけがおかしいと思い込まされている本人や家族への偏見をなくし，地域に理解者を増やしていくことが望まれています。

周囲は，福祉での対応も含めて，本人や家族の求めるニーズに寄り添った居場所や，その手前にあるプラットホームづくり，思いを受け止めてくれるような安心できる人材の育成など，「就労の前段階」の取り組みを行っていく必要があります。

ところが，従来の「ひきこもり（自立）支援」は，本人の望む支援ではありませんでした。背景が１人１人違うのに，パターン化した対応が行われ，支援の評価基準も，「就労」や「自立」の実績の数字でした。このノルマの達成が目的になってしまったゆえに，支援する側は成果を焦って，結論を押しつけることが横行してしまうことになります。

本人と支援する側のミスマッチは，トラブルの原因になり，追いつめられると命のリスクもありました。つまり，本人がつくったフレームではなく，何者かがつくったフレームで支援が行われていたことに，一種の暴力性がはらんでいたのです。

本来は，それぞれが幸せになることこそ，支援の評価の基軸であるべきでした。それは，社会的要因や環境によって「ひきこもり」状態にさせられていたとしても，見えない「発達特性」によって人間の集団生活に適応できなかったとしても，それぞれのしんどさに応じた「多様な幸せのカタチ」に寄り添うということです。

こうした「幸せの評価」というのは，なかなか数値化できにくいところがあります。しかし，新たな「ひきこもり支援の認証評価」が必要だということを，私たちは国に求めているところです。

文献

芦沢 茂喜（2018）．ひきこもりでいいみたい――私と彼らのものがたり――　生活書院

芦沢 茂喜（2021）．ふすまのむこうがわ――ひきこもる彼と私のものがたり――　生活書院

石橋代表個人のブログ　さかいハッタツ友の会（2019）．発達障害当事者団体代表としてのマニュフェスト～元事務次官の長男殺人事件について～　Retrieved from https://duaed021.hatenablog.com/entry/2019/12/18/105033（2022年10月４日）

KHJ全国ひきこもり家族会連合会（2022）．当事者が求めるひきこもり支援者養成に関する調査報告書

厚生労働省（2010）．ひきこもりの評価・支援に関するガイドライン

内閣府政策統括官（共生社会政策担当）（2016）．若者の生活に関する調査報告書

内閣府政策統括官（共生社会政策担当）（2019）．生活状況に関する調査報告書

東京都福祉保健局（2021）．ひきこもりに関する支援状況等調査結果

山根 俊恵（2020）．ひきこもり支援のエキスパートが教える“8050問題”の基本理解と支援のポイント　ケアマネジャー　2020年７月号特集別刷

第3章

ACTの活動のなか，発達障害をもっている（と思われる）人の「ひきこもり」支援について試みてきたこと

伊藤 順一郎

| 1 | はじめに

私に求められたテーマは，ACT（多職種アウトリーチ・チーム）による臨床活動をする立場から，発達障害を抱えている人々に関わりながら考えてきたことを述べよ，ということだと理解しました。ただ，これから論を進めるにあたって，二つのことをお断りしたいと思います。

一つは，私たちが関わっている人々が，発達障害，つまり幼小児期からの能力の顕著な凸凹がある人々かを判断するのは容易ではないと私が感じているということです。今の能力に凸凹があることは，関わりの中であるいは知能検査などをすれば見えてくることですが，それが，「うまれながら」であるかは，なかなかわからない。関わりの中で幼小児期のことをつまびらかに聞くにはタイミングが必要ですし，またご家族や本人の過去の記憶もそれほど定かではありません。また，多少「ちょっとほかの子と違うかも」と思われていても1歳6ヶ月児健診や3歳児健診などで指摘されるのでもない限り，「子どもというものはこんなものだ」と思って親御さんも育てていることが多いわけです。私たちは成人の人々の支援にあたっているので，過去のことは，ご家族や本人の記憶に頼らざるを得ない。従って，お会いした時に，「どうも，この人は，発達障害と呼ばれる個性を持った人であるなぁ」という，そういう，幅を持たせ

たスタンスで関わっているということをお断りしたいと思います。

もう一つは，「発達障害だから問題」という見かたを極力しないように私がしているということです。世の中には，能力の凸凹があって，いろいろなご苦労があるにしても，社会の中でふつうに暮らしている人々がたくさんおられます。そのような人々に対して「発達障害」というラベルをはるのはいかがなものかという思いがあります。私たちが出会う人々は，持っている個性を環境から受け入れられず，そのことによる細かな傷をたくさん負って，ひきこもりなどの状態に追い込まれている人といえるのではないか，あるいは，生まれた時の能力の凸凹はそれほどなかったが，その後の養育環境の中で様々に傷つき，発達のなかで凸凹が生じてしまったのではないか，そんなふうに考えています。つまり，臨床で出会う人々を私は複雑性PTSD（ICD-11）や発達性トラウマ障害（杉山，2019）といった状態にあるのではないかと考えながら，治療や支援にあたっているので，そのことをご理解いただけたらと思います。

｜２｜当院のアウトリーチ活動の特徴について

私たちの活動の現場は，在宅療養支援診療所である「メンタルヘルス診療所　しっぽふぁーれ」です。小さな診療所ですが，常勤・非常勤を合わせますと，精神科医５名，看護師兼精神保健福祉士１名，看護師兼保健師１名，精神保健福祉士１名，事務担当３名（2021年12月現在）を擁しています。外来もやっていますが，主たる臨床活動はアウトリーチ（訪問）活動です。２つの保健所圏域の中で，だいたい，自動車で片道30分で行ける範囲をアウトリーチの範囲（キャッチメントエリア）と定め，精神科医の訪問，コメディカルスタッフの訪問を行っています。隣接する訪問看護ステーションACT-J（https://actips.jp）とは，毎日のミーティングも共有し，密度の濃い多職種アウトリーチ・チームを形成していますし，そのほかキャッチメントエリア内にある精神科訪問看護ステーション数か所や，相談支援事業所などとも協力関係を保ちながら，活動を続けております。

以下に当院のアウトリーチによる支援で大切にしていることを簡単に述べます。

⑴ まるごと支援

そもそも，私たちの活動の原点には，日本でACT（Assertive Community Treatment：包括的地域生活支援）のモデルを展開しようではないかという発想がありました。ACTは精神科医も含む多職種アウトリーチ・チームで，長期入院になっていたり，頻回入院をしたりしていた統合失調症や双極性障害などの精神障害を持った人々のための支援チームです（伊藤，2012）。ACTは彼らが再入院をせず，たとえ症状が残存していても地域で暮らしていくことを支援するのを目的としているのです。

しかし，実際に支援を始めてみますと，地域の行政や基幹相談支援事業所などから紹介される人々は精神科病院から紹介されてくる人々と層が異なっておりました。地域からつながる人々は，未受診や医療中断の方が多く，状態としてはひきこもりやうつ状態，しかもお会いしてみると，様々なトラウマを抱えておられるような人々が多かったのです。そのような人々にも，様々な苦悩があります。自己否定的になり生きづらかったり，不安定な対人関係で苦しんでいたり，そんななか怒りや希死念慮にさいなまれ，感情調節困難の状態になっている人もいます。これらの苦悩は多くの場合家族など同居している人々を巻き込み，周囲の人々の苦労にもなっています。それと同時に，お金のやりくりでの苦労や，外出ができない，片付けができないなど生活の苦労もまれではありません。睡眠障害や様々な痛み，消化器症状などの身体の困難が出ている場合もあります。

これらの人々に，支援として，薬物療法など生物学的手法でできることは，ごく一部にすぎません。安定した支援関係が基本ですが，本人の気持ちに寄り添うこと，家族の話にも耳を傾けること，障害年金や自立支援法などの経済的支援につながること，地域のフードバンクや，ホームヘルプサービスの利用，ヨガやマッサージなど体の手当てに関することなど，ニーズに応じた様々な支援が必要になってきます。つまり，このような人々にもACTの目指す多面的な「まるごと支援」が大切なのです。

⑵ リカバリーという考え方

支援されるばかりの立場におかれると，人には無力感がわいたり，そこから依存的になったりすることがあります。支援の目的は，利用者が支援者に上手に管理されることではありません。支援を利用する人が，その支えの力を得て，自分の人生に価値を見出し，自分の経験を「意味あるもの」として理解でき，健康について積極的な役割をとることができ，希望を持ち，人とのつながりの中で人生を楽しむことができるようになることです。

このような考え方をリカバリー（recovery）といいます。リカバリーは精神障害を持つ当事者発信の言葉です。リカバリーについて，当事者にして活動家・研究者でもあるPatricia Deeganは，以下のように述べます。

「リカバリーは過程であり，生き方であり，構えであり，日々の挑戦の仕方です。完全な直線的過程ではありません。ときに道は不安定となり，つまずき，止めてしまいますが，気を取り直してもう一度始めればよいのです。必要としているのは，障害への挑戦を体験することであり，障害の制限の中，あるいはそれを超えて，健全さと意志という新しく貴重な感覚を再構築することです。求めていることは，地域の中で暮らし，働き，愛し，そこで自分が重要な貢献をすることなのです。」(Deegan, 1996)。

リカバリーのプロセスを支援するという考え方は，統合失調症や双極性障害といった精神障害を持った人々に相対するときだけでなく，ひきこもりに陥っている人々の支援や発達性トラウマ障害や複雑性PTSDといった診断がつく人々の支援でも有用です。精神科領域の場合，多くの人々が病そのものの症状の苦しみに加え，人から理解されない苦しみ，自分の人生に希望が持てない苦しみ，地域社会の中で受け入れられていないという感覚の苦しみを味わっています。このような状態にあっては，症状からの回復に加え，人生を取り戻すという意味の回復が重要です。私たちの支援は，このような文脈の中にあることを心掛けています。

⑶　対話主義

リカバリーのプロセスを支援すると考えた時に，大切なのは相手の価値観，ものの見かたなどを知ることです。その人の好み，長所，大切にしていることなどを受けとめるなかで，望んでいるありかた，今の苦悩，なども浮き彫りにされてきます。つまりていねいに語りを聞くという時間が必要になります。同時に，自分の中にわいた言葉，浮かんだ考えなども言葉にしていき，考え・感覚の多様なありかたの中に私たちがいることを味わっていますと，その中から新たな発想や行動が生まれてきます。つまり，関わりの時間は対話の時間なのです。

私たちの診療所のスタッフは，オープンダイアローグ・ネットワーク・ジャパンの研修に積極的に参加し，3人の精神科医，1人の看護師が基礎トレーニングを受講しています（2021年12月現在）。実際の訪問は必ずしも複数のスタッフが同時に行くのではなく，オープンダイアローグのセッションが常に行われているわけではないのですが，研修で学んできた「答えのない不確かな状況に耐える」とか，「様々なものの見かたを尊重し，多様な視点を引き出す（ポリフォニー）」などは，重視している要素です。また，複数のスタッフで利用者と会えるときにはリフレクティングを活用しますし，「本人のことは本人のいないところでは決めない」ということは，私たちの基本的な姿勢になっています（オープンダイアローグ・ネットワーク・ジャパン，2018）。

｜3｜発達障害をもっている？　と思われる人々のひきこもり状態との出会い

私たちが，ひきこもり状態にある人々と出会う，そのきっかけは様々ですが，ほとんどの場合，私たちとのつながりは，本人が積極的に望んで作られたものではありません。家族や相談支援，行政などの支援者から私たちに相談が入り，その文脈で本人のもとを訪ねることになるわけです。その時には，他者との出会いを拒んでひきこもっている，その人のもとへうかがうのですから，彼らにとっては，私たちは大変侵入的な他者なわけです。従って，私たち自身が有害な他者にならないことが，関わりの第一歩と言えます。また多くの場合，彼らの個性や特徴は，その周囲の者に尊重されず，環境がその人の尊厳を傷つけてきたという歴史を持っています。私たちとの関わりが，そのような体験の上塗りにならぬよう，安心・安全を保障する場を作るように努めることが，アウトリーチのスタッフには求められます。

(1) 関係作りの第一歩

相手のホームグラウンドで会うわけですから，相手方の作法に合わせることが関係作りの第一歩です。玄関でのあいさつから，それは始まっています。居間に行けば，どこに座るかも含め，迎えてくださった人とのやり取りの中で，相手の作法を知り，合わせていくことになります。

その家の文化は家族全体で作られていますが，しばしば，その家族と本人とは価値観や考え方において異なり，強い葛藤状態にあることもあります。支援者は，そのどちらかに与することなく，むしろ家族の間で意見の異なるありようは普通のこと，当たりまえのことという立ち位置を維持しながら，その場にいるすべての人々を尊重するという姿勢でいることを求められます（伊藤，2011）。ただ，家族間で暴力や激しい口論が日常茶飯のように起きているときには，その暴力や口論については受け流すことなく，それが家族の中にどのような影響を与えているかという問いもはさみながら話をすすめます。ここには，トラウマ体験の影響を理解した対応に基づき，当事者の身体，心理，情緒の安全を重視する，トラウマインフォームドケアの考え方が生かされます（野坂，2019）。

以下に述べるポイントには，オープンダイアローグのトレーニングから学んだことが多く含まれています（オープンダイアローグ・ネットワーク・ジャパン，2018）。

① 自己紹介を丁寧にする

初めて出会ったときに，自分はどのようなものであるかについて，少し詳しく伝えることは，こちらがどんな人間かということを伝えることになり，緊張や警戒心を解くのに役に立ちます。名前や職能（医師や看護師，精神保健福祉士など）だけでなく，今日，ここに来るようになったいきさつ，自分の役割，今日はどのような気持ちで，こちらに伺ったかなども伝えるようにします。自分にとって支援とは，治療とはどのようにすることかなどの考え方も，大雑把でも伝えることは，相手方の心の準備につながる事柄になります。

② 参加しているそれぞれが，この場で最も話したいと思っていることに耳を傾ける

本人と出会えたら，まず，彼／彼女が私たちに何を話したいのかに，耳を傾けます。それが，その人を尊重しているという姿勢を示すことになるからです。家族も同席している場合には，家族の話にも同じように耳を傾けます。そして，語りを聞く中で自分たちの中にわいてくる気持ちや考えにも，同時に注意を向けます。

③「今・ここ」で起きていることに注目する

話を聴くにあたっては，その内容に耳を傾けるだけでなく，今，その瞬間に起こっていることに注意を向けます。話し手が話しながら，今つらくなっていないだろうかとか，一緒に聴いている家族に，異なる考えが芽生え，それを言いたくなっていないだろうかとか，怒りがこの対話の場に現れていないだろうか，本当に話したいことに焦点があっているだろうか，など「今・ここ」で起きていることに注目するのです。トラウマの内容について語られる時には，このようなスタンスはとくに重要で，「このまま，今の話を続けていると，つらくなりすぎるのではないかと思ってしまったのですが大丈夫ですか」とか，「今のご本人のお話を聴いて，ご家族の立場では，異なる気持ちがわいているように感じたのですが，いかがでしょうか」など，今，起きている感情や考えに焦点を当てた応答をします。そして，参加者の心がそのとき大きく揺れ動いたことについて安心して語れるように場を保つのです。

(2) 家族との関わりの始まり：そこでのスタンス

家族と当事者とは，しばしば強い葛藤状況にあります。のちに述べるような，感情調節困難な状態（遊佐, 2015）に本人が陥っている場合には，家族との関係のなかで，本人の怒りが爆発しており，それを受けた家族も理不尽な怒りに余裕がなくなると，感情調節困難な状態に陥ったりもします。私たちは，本人の家族に対する批判や敵意にも理解を示しながら，同時に，家族に相対するときには家族の困難や苦労に，耳を傾けようとします。たとえ，そこに本人が同席していたとしても，家族から見た風景も共有するように努め，家族の気持ちにも寄り添おうとします。それは，別の言い方をすれば，家族と本人との間の

通訳をするようなありようです。たとえば，父親のDVに悩んできたAさんのご家族との面接では，「Aさんから見れば，母親は父親の理不尽な怒りから私を守ってくれなかった，父親と同罪だということになりますが，お母さんからすれば，当時のご主人には，お母さん自身もおびえていて，無力感でいっぱいでAさんをかばいきれなかったというつらさがおありなのではないでしょうか」というように，両者のものの見え方の違いを明らかにしつつ，両者の気持ちを汲み取るような発言を繰り返します。お互いに関係になじんできたときには，Aさんの話を聞いた後に，「Aさんと私との対話をお聞きになって，どのような気持ちがお母さんに浮かんだか教えていただけますか」と母親に振ったり，逆に母親と私との対話の後で「今のお母さんと私との話を聞いて，Aさんが感じたこと，考えたことを教えてくれませんか」とAさんに話を振ったりするようにします。そうすると，無理に私がまとめなくても，お互いの，今，ここでの思いや考えを聞く時間がそこに生まれ，それが，互いの理解に少しずつつながるのです。

このようなアプローチをしているときに，私がよすがとしていることが二つあります。一つは，本人のリカバリーの旅を応援するときには，同時に家族のリカバリーの旅も応援するということを大切にしたいということです。たとえ，家族と本人との間に，加害－被害関係があったとしても，加害者と言われてしまう家族にも，そのようになってしまうには物語があるのです。私たちは，警察官や裁判官ではありません。事件性を含む問題に対しての司直の判断は，必要に応じて，行政などの介入も依頼しながら彼らに任せ，私たちは，リカバリーの旅の応援というスタンスにこだわることが役割なのではないかと考えています。もう一つは，「今，ここ」で起きることを大切にするという姿勢です。しばしば，本人も家族も，過去の相手のイメージに縛られ，今，ここにいる相手が何を感じ，何を思っているのかに思いを寄せることが難しくなっています。「今，ここ」で起きていること，そこにある価値観の違いや，距離感の違いを明らかにする，あるいは，「今，ここ」から見た過去と，「今，ここ」の違いを知ろうとすることによって，すこしずつでも過去が過去になるということの手伝いができるのではないかと考えています。

｜4 ｜何をどのように見立てるか

⑴ 今の状態としてある，ありようの「特徴」について

その人が発達障害ではないかとか，複雑性PTSD，発達性トラウマ障害ではないかと見立てるときには，「対人コミュニケーションの障害」ということがよく言われますが，コミュニケーションは相手の受けかたによって変わりうるものですし，それを客観的な指標とするのは難しいと私は感じています。むしろ，本人の側から世界がどのように見えているか，他者とどこが異なると感じているかという視点で，その人の話に耳を傾けたほうが，その人の特徴が明らかになるように思います。感覚の差異や集中力の差異，生理機能の差異などがあるゆえに，コミュニケーションにも特徴が出てしまうと考えたほうが，私たちも，家族など身近な人々も理解がしやすいのではないかと感じます。

① 感覚過敏

音に敏感であるとか，まぶしい光が苦手であるとか，味覚や嗅覚が鋭いなど，何らかの感覚過敏があることがたいがいです。日中はサングラスが必要であるとか，耳栓をしていたほうがいいという人もいます。触覚が過敏で，下着のタグが付いているのが耐えられない人もいますし，痛覚に過敏にもなり，頭痛，生理痛やPMS（月経前困難症）に悩む人もいます。なかには，絶対音感を持っている人もいますが，そのような人は生まれながらの能力として聴覚過敏があるように思います。このようなことの延長にあるのか，薬物に対する反応も顕著で，通常量の処方をすると，かえって副作用で苦しむ人も少なくありません。

② 生理的機能の混乱

睡眠・覚醒のリズムがうまく作れないという人はかなり多いようです。日中に，緊張する，あるいは不安になる，テンションが上がる，というようなことがあれば入眠困難になることは多いですし，そもそも規則正しく眠る・起きるという習慣が，身につきにくいと感じてきた人も多いです。ひきこもり状態になりますと，何時までに起きなくてはならないという枠自体がなくなることが

多いので，睡眠覚醒のリズムはさらに乱れます。体温調節のシステムに乱れが出て，暑い時でも汗をめったにかかず，冬なのに暑く感じて氷枕を愛用している人もいました。消化器機能が乱れ，下痢と便秘を繰り返し，胃痛や吐き気にも悩んでいる人も多いです。

③ 写真のように鮮明な視覚記憶・エピソード記憶

トラウマに関連する記憶ばかりでなく，印象的な体験の記憶について，「まるで写真や動画のように」覚えている人が多いように思います。たとえば最近の自分が体験したこと，考えたり感じたりしたことなどをお聞きすると，細部に至るまでかなり時間をかけて語りたいという意向を示します。エピソードについて概略を要約して短時間で語るということをお願いしてみても，それは難しいようです。それだけ，まとめるという作業が苦手ともいえますが，記憶が鮮明であり，かつ感情を伴っていることを考えますと，致し方ないことかもしれません。ただ，記憶をよみがえらすことに苦痛を伴うようなときには，むしろ寡黙になります。話をすること自体を否定されてきた歴史もあるのかもしれないと感じる人もおりました。

④ 感情調節困難（遊佐, 2015）

多くの人に，第３者には「些細なこと」と思われる出来事が引き金となって，怒りの爆発を招き，他者を責めたり，自分を傷つけたりという行動が起きています。トラウマの影響という見方をすれば，それらはフラッシュバックとして理解ができます。トラウマといっても一つの破壊的な体験によるトラウマではなく，持続的に傷つけられる体験が重なる複雑性PTSD，発達性トラウマ障害と呼ばれるもの（杉山, 2019）です。これらを想起させる些細な刺激は，感情を大きく揺さぶり，怒りの暴発となります。そのことが，また自己嫌悪を引き起こし，自分に対する否定的な感情を引き起こしたり，抑うつ的になったりすることもあります。

⑵　今に影を落とす「過去」を扱う

「今，ここ」の状態を扱いながらも，お互いに安心して話せる関係性になってくると，幼小児期から思春期にかけて，体験された，様々な傷つきが語られるようになります。今，ひきこもっているのにも，それなりの訳があると思い，そのようなこちらの思いを伝えながら，対話を重ねていくと，人が怖くなったり，信じられなくなったりした過去の体験に突き当たるのです。男女を問わずあるのが，学校における仲間集団によるいじめ，あるいは家庭内での両親間の激しいいさかいにさらされたり，親から暴力を振るわれたり，ネグレクトと呼ばれる状況になっていたこと，女性に多いのは近しい人や見知らぬ人からの性的いたずらや性的虐待，などです。なかにはきょうだいが障害を持っており，そのことに引け目を感じている家族の中で，自分が変な目で見られてやしないかと学校で常に緊張していて，また，家に帰っても自分の居場所がなかったという人もおられました。

このような場合，客観的にはどの程度の深刻さがあったのかということは問われません。大切なのは，主観的に，苦悩と言わざるを得ない体験となってしまっているということで，それが，自分の生きづらさを形成している，つまり，自分が嫌いになったり，自分には価値がないと思うに至ったりしている物語につながっていることです。生まれつきに持っている感覚過敏性が，他者からの刺激を人一倍重く受け止め，被害的に感じてしまうということもありうることです。

もう一つ，しばしばみられる困難として，このような体験について，安心して語る場をもてずに，あるいは語りを否定された経験をして，心の中にしまいこんで今に至っているということがあります。たとえば，ある女性はきょうだいから受けた性的虐待については，母親に打ち明けても信じてもらえず，かえって「そんなことを言うもんではない」と叱責されたという記憶が残されていました。また，家の中で起きている暴力や虐待については，「変な目で見られたくない」と友達にはひたすら隠している人もいました。学校での激しいいじめについても「言っても無駄だから」「親に心配をかけたくないから」と，親も含めた大人に打ち明けてこなかったという人もいました。自分の性同一性の違和感について，誰にも打ち明けられず，他人からは常に変な目で見られているのではないかとの思いから，家の中に閉じこもってしまう人もいました。

苦しみがありながらもそれを他者に伝えることを自ら禁じている，あるいはあきらめているということは，慢性的な緊張状態（おそらく，交感神経優位の状態）が，その人の心身の常態となっているということを推測させます。そして，それは，自身に無理を強いるということでもあります。何かのきっかけがあって，この緊張状態に耐えてきたバランスが崩れ，過呼吸などの身体症状となったり，感情調節が困難に陥ったときに，そこでの態勢をなんとか立て直すために，ひきこもりという対処方法を選ばざるを得なかったという，そのような背景が想像できるのです。

｜５｜関わりのなかでの支援の展開

⑴　安心・安全を感じられる場の維持

アウトリーチをするということは，相手のプライベートな場に入り込むということです。トラウマを抱えている人にとって，それは初めから安心なことではありません。｜３｜の⑴「関係作りの第一歩」で述べたことは，それを踏まえてのことでした。このような，安心・安全への配慮は，その後のアウトリーチにおいても基調をなすものです。トラウマインフォームドケアの考え方は，行動の指針になります（野坂, 2019）。

すでに述べてきたように，彼／彼女は孤立無援の状態であり，彼／彼女をおおっているのは絶望感であったり，無力感であったりします。そのような状態になっていることについて自身でも不本意にも思い，また，時に自分自身を責めていたり，うまく生きていけない自分を嫌いになったりしています。また，このような状況に追い込んだ周囲の人間にも不信感を持ち，怒りを感じている場合もしばしばで，怒りの爆発や，リストカット，器物破損など，強い感情反応を示してきた歴史をもつ場合もあります。

このような状況のなか，支援者が「そこまで思いつめなくてもいいのではないか」とか，「あなたの行動は良くないことだ」などこちらの物差しによる評価的な観点からの発言を伝えると，それは，支援者に否定された，批判されたと受け止められかねません。支援の関係自体が，苦痛を伴う感情反応を起こす刺激となっては，関係を維持することが難しくなります。

感情調節困難な状況のなかで対話的関与を続けるためには，弁証法的行動療法でいわれる「承認」(validation）のスタンスでいることが求められます（遊佐, 2015)。承認とは，支援者が「患者に対して，患者の反応は現在の生活の状況において当然のことであり，理解可能なものだと伝えることである」と説明されます（Linehan, 1993 大野監訳 2007)。支援者は，感情調節困難な状態に陥っている彼／彼女が体験していることを，それが思い込みや妄想によるものではないかという判断をいったんカッコに入れて理解しようとし，その体験のなかでの彼／彼女の葛藤，努力，行動の理由などを知ろうとします。そして，その時の対処としていることが，たとえ薬の過量服薬やリストカット，家族への暴言など第３者には好ましくないという気持ちを抱かせるものであっても，彼ら自身には最悪の事態を回避したり，あるいは自分を守るために，稚拙ではあっても効果的であった可能性があることを，事実に即して，または推論を通して判断し，妥当性があると伝えるのです。承認は「感情を落ち着かせることに役立ち，（中略)，誰にとっても，感情をより扱いやすいものに」するのです（Manning, 2011 荒井監訳 2014)。

支援関係が深まってくると，その関係の中で起きることに対して，怒りや失望が表明されることも生じてきます。たとえば，連絡せずに訪問に遅刻したことが非難されたり，メールの返信がなかったことへの失望の表明がされたり，支援者の言葉に傷ついたということが直に言われたりすることがあります。このような時に私は，まずはそのような感情を表してもよい関係に私との関係がなったのだと考えて，きちんと言葉にしてくれたことに対して「ありがとう」を伝えるようにしています。そのうえで，私自身の行動が，あなたの安心感を揺さぶってしまったことを詫び，そのような感情を持ったことに妥当性があると理解したことも伝えます。支援者自身が自分を否定されたと感情的にならないことがポイントだと思うので，私自身はこのやりとりから自分の感情が尾を引かないようにと心がけています。そのうえで，私自身やチームが彼／彼女と今続けている，対話や生活の支援が，その後も変わりなく続くようにしています。怒りや失望を乗り越えて，安定した関係が続くという体験が，彼／彼女にとって新たな体験となると思うからです。ちょうど，「健全」な家族はちょっとした言い合いがあっても，日々の暮らしは変わらず続けているように。

⑵ 「発達障害」の脳を育てる？　トラウマから自由になる？

ひきこもりの状態にある人が，そこから自由になるための支援にあっては，目の前の人を「治す」という発想と異なる発想が必要になります。発達障害（的）な特徴があるかもしれないその人のありようについては，個性として受け入れ，そのような個性でも生きやすい「環境」はどのようなものかについて，共に考え，工夫するということが支援の方針となります。

その人の苦労の物語や心が深く傷ついた体験が語られた場合には，その物語に耳を傾け，怒り，恐怖，自尊心の傷つきによる痛みなどを，共有する姿勢をとります。そして，同時にそこを生き延びてきたのだということ，生き延びる力があったのだということを，控えめではあっても祝福し，そのような力をこれからも育むことを共に考えていくという提案を差し出します。ある場合には，フラッシュバックがしょっちゅう起きて，過去が過去になっていないという状態の時もあります。どんなことが引き金になるのかを共に探り，それを回避するすべを考えたり，後述するような，副交感神経優位になるための習慣を身につける手伝いをしたりします。このようなプロセスについては，ご家族にも可能な限り情報提供し，家族の協力を仰いだり，家族の側の傷つきの手当てについても機会を提供したりするようにします。

もし，自分の能力の凸凹について，知りたいという希望がある場合は，WAIS-Ⅳを含め自閉症スペクトラム関連の知能検査・能力検査に対して丁寧に実施してくれる医療機関を紹介しています。外出が難しい場合は，支援者が信頼している簡便なチェックリストを用いて回答をしてもらい，そこから，本人が感じている特性について共に考える時間を作ることもあります。いずれの場合も結果については，本人と共に，本人の承諾がある場合は家族とも共有し，「得意なことは伸ばし，苦手なことは人の助けを借りる」という方策を基本とします。そして，「脳は発達する・成長する」（神田橋，2010）という言葉をよすがにしながら，生きやすい「心構え」「環境との出会い」などを相談の中で考えていきます。

⑶　環境への注目・体への注目

私が参照枠としている理論のひとつにポリヴェーガル理論があります

(Pogers, 2017 花丘訳 2018)。それによれば，トラウマを体験する中で生き残りをかけた生理学的反応としては，交感神経系の強度な活性化による，攻撃／回避反応と，背側迷走神経が強度に活性化した時に起こる凍りつき反応があります。それらは怒りの発露であったり，失神や呆然自失状態だったりするので，いずれも身体に大きな負荷をかけることになります。このような時の，基本的な自己の感覚は「私が悪い」「私が問題だ」「私は愛せない」「私は無能だ」であり，それらは，「自分は最初からどこかに帰属するだけの価値がなかったのだ」と，帰属意識を奪い取り，自分は欠陥品だと感じさせる「恥」の感覚に結びついているといわれます（Kain & Terrell, 2018 花丘・浅井訳 2019)。

そこで，支援の方策として，極めて大雑把に言えば，腹側迷走神経（副交感神経系）が活発になるように，安心や安全を「身をもって」体験することを暮らしの中に育むことを心掛けています。楽しいと感じられるような体験をすること，ヨガやマッサージなどで触れることのできる身体の感覚を通じて安全を知覚する能力を育むこと，支援者との関係の中で，自分の感情のありようについて「調整」できるようになること，その先に人々が怖い感覚が少なくなり，人に興味を持てるようになり，社会的につながる準備を始めたときにはそれを促す活動が提供できること，などがポイントとなります。いまだ試行錯誤の段階ですが，それまで本人のしてきた対処，例えばアロマオイルを用いての体への手当てや，音楽の鑑賞や演奏など，自分らしい「ストレス解消」を可能な限り支持することや，「身体が心地よい」「これをしているときは楽しい」という行動を大切にする，そしてその実践を助けるなどが支援の選択肢として思いつきます。

私たちが，多職種でチームを組んで行動することは，このような時に役割分担をすることができ，役に立つように思います。たとえば，あるスタッフは，自身がヨガやマッサージに関心があり，それを利用者と共にする機会から，相手の体への手当てを安全にしてくれます。一緒にゲームをして，声をあげて笑う時間を作れるスタッフもいます。また，あるスタッフはフットワークがよく，利用者と共に，彼／彼女が好みそうな喫茶店や小物を売る店に立ち寄り，その店の店主と彼／彼女のあいだを取り持ったりすることをしてくれます。利用者をドライブに連れ出し，普段は見ることのない自然な風景を共に体験してリラックスする時間を作ってくれたりするスタッフもいます。人とつながりたい気持ちの出てきた人をタイミングよく地域にあるコミュニティ・スペース（たまり場）に誘ってくれたスタッフもいました。主治医である私とは，言葉でのやり取りや，時には補助的な薬物療法の効果についての吟味に終始することが多いわけですが，ほかのスタッフと，身体の手当てをしたり社会的な活動を試みたりすることで，少しずつですが私たちとの関わりの場に，安心の基地を作ることができるようになっていると思います。

｜６｜おわりに

ひきこもりの状態の人々に，来所をうながし待っているという支援は，どうしても後手に回ってしまうことが多いと思います。外へ出て未知の人と出会うということは，強い不安や恐怖を伴うものだからです。そこに至るまでのプロセスには長い時間がかかりますし，同居しているご家族がいる場合は，家族が本人の背中を押すことにも，不安と躊躇が伴うものでしょう。その点，支援者が出向くアウトリーチは，たとえ初めのうち本人に会えなかったとしても，家の中の風通しを良くしますし，家族の安心につながった場合は，そこから家族間の緊張が緩みます。一人暮らしの人の場合はなおさら，人に出会うまでの道のりを短くするのに役に立つでしょう。

しかし，それは，アウトリーチにより私的な空間に近づくことが，脅威ではない，安心と安全を保障するものであると，ひきこもりをしている本人に感じるアプローチであってこそのことです。こちらが人生の苦悩を理解しようとしていることが相手に伝わる十分な配慮が必要であり，対話的な空間を共にして信頼感が深まるなか，多様な選択肢，身体への手当てもあったり，共に行動することもできたりする，そんな支援が，本人の緊張をほどき，自分自身の在り方を承認でき，生活の回復，積極的に社会とつながるきっかけを見出すことにつながるのではないかということが，本論で述べてきたことでありました。

けれど，アウトリーチは，支援の一部を形作るにすぎません。私たちを通じて，人に出会い，自分を語ることができるようになった延長上で，彼／彼女は私たちの力を借りずとも，どこかに出かけ始め，仲間をつくり，自分たちなりの役割を見出し，生活を楽しむことを始めます。そのような彼ら自身のリカバリーの旅は，アウトリーチによる私たちの支援には見えないところで，何かのきっかけでゆっくりと始まり，そしてやがて花開いていくのです。

文献

Deegan, P. (1996). Recovery as a journey of the heart. *Psychiatric Rehabilitation Journal*, *19*(3), 91-97.

訪問看護ステーションACT-J　Retrived from https://actips.jp/（2021年５月20日）

伊藤 順一郎（2011）．白衣を捨てよ，町へ出よう　第６回　家族の支援．精神科臨床サービス，*11*(4), 562-566.

伊藤 順一郎（2012）．精神科病院を出て，町へ――ACT がつくる地域精神医療――　岩波書店

Kain, K. L. & Terrell, S. J. (2018). *Nurturing Resilience: Helping Clients Move Forward from Developmental Trauma*. An Integrative Somatic Approach. CA：North Atlantic Books.
（ケイン，K. L. & テレール，S. J. 花丘 ちぐさ・浅井 咲子（訳）(2019). レジリエンスを育む――ポリヴェーガル理論による発達性トラウマの治癒――　岩崎学術出版社）

神田橋條治（2010）．第６章　一次障害は治せるか？　神田橋 條治・岩永 竜一郎・愛甲 修子・藤家 寛子．発達障害は治りますか？（pp.219-284）　花風社

Linehan, M. M. (1993). *Cognitive-Behavioral Treatment of Borderline Personality Disorder*. NY：Guilford Press.
（リネハン，M. M. 大野 裕（監訳）岩坂 彰・井沢 功一朗・松岡 律・石井 留美・阿佐美 雅弘（訳）(2007). 境界性パーソナリティ障害の弁証法的行動療法――DBT による BPD の治療――　誠信書房）

Manning, S. Y. (2011). *Loving Someone with Borderline Personality Disorder : how to keep out-of-control emotions from destroying your relationship*. NY：Guilford Press.
（マニング，S. Y. 荒井 秀樹（監訳）黒澤 麻美（訳）(2014). 境界性パーソナリティ障害をもつ人と良い関係を築くコツ――家族，友人，パートナーのための実践的アドバイス――　星和書店）

野坂 祐子（2019）．トラウマインフォームドケア――“問題行動”を捉えなおす援助の視点――　日本評論社

オープンダイアローグ・ネットワーク・ジャパン（2018）．オープンダイアローグ対話実践のガイドライン　第1版　Retrived from https://www.opendialogue.jp/対話実践のガイドライン/（2018年3月1日）

Poges, S. W.（2017）. The Pocket Guide to the Polyvagal Theory: The Transformative Power of Feeling Safe. NY：W W Norton & Co Inc.（ポージェス，S. W. 花丘 ちぐさ（訳）（2018）．ポリヴェーガル理論入門――心身に変革をおこす「安全」と「絆」――　春秋社）

杉山 登志郎（2019）．発達性トラウマ障害と複雑性PTSDの治療　誠信書房

遊佐 安一郎（2015）．心身医学領域で出会う“感情調節困難”患者への心理的アプローチ――弁証法的行動療法，特に承認から学ぶ――　心身医学，*55*(8), 920-927.

第4章

オープンダイアローグにおける発達障害者との関わり

斎藤　環

1　ひきこもりと発達障害

筆者と発達障害との関わりは，主としてひきこもりを介してのものです。ひきこもりは疾患概念ではなく状態像を示す言葉ですが，ひきこもりの中には未診断・未治療の発達障害事例が少なからず含まれると考えられています。

厚生労働省の研究班による「ひきこもりの評価·支援に関するガイドライン」（厚生労働省, 2010）は，平成19年度から平成21年度に行われた厚生労働科学研究「思春期のひきこもりをもたらす精神科疾患の実態把握と精神医学的治療·援助システムの構築に関する研究」の成果をまとめたものです。筆者もその研究班のメンバーでした。

本ガイドライン におけるひきこもりの定義は下記の通りです。

「様々な要因の結果として社会的参加（義務教育を含む就学，非常勤職を含む就労，家庭外での交遊など）を回避し，原則的には 6ヵ月以上にわたって概ね家庭にとどまり続けている状態（他者と交わらない形での外出をしていてもよい）を指す現象概念である」。この後に未診断の統合失調症との鑑別が重要であるという記述が続きますが，そちらは煩雑になるので省略します。

本ガイドラインと同時に公表された調査報告（厚生労働省, 2010）の中で，もっとも注目されたのは，ひきこもりに含まれる「精神疾患」の多さでした。184人を対象になされた調査の結果，149人（80.9%）に何らかの精神疾患が確認されたと報告されています。また，そのうちの 48人（32.2%）に広汎性発達障害や知的障害などの「発達障害」を認めたといいます。

同じ研究班の一員として，この報告の責任の一端は筆者にもあるのですが，あえて言えば，この「精神疾患」率の高さには，かなりバイアスがかかっていると言わざるを得ません。調査対象が精神保健福祉センターなどの相談窓口を受診した事例に限られており，疾患の比率が高くなるのは当然のことであり，統計学的にこの対象群がひきこもり全体を代表するとは考えにくいためです。また，発達障害やパーソナリティ障害がそれぞれ３割程度という比率も，いささか高率すぎるという印象があります。筆者の外来においては，ひきこもり事例中に占める発達障害の割合は，多めに見積もっても10%を超えません。

もちろん筆者には，発達障害概念そのものを批判する意図はありません。むしろ，この概念が普及したおかげで，筆者自身の誤診に気付かされ，治療の質が多少なりとも向上したという意味では少なくない恩恵を感じています。ただ昨今の「発達障害バブル」については一貫して批判的な立場を取っています。この重要な概念の「濫用」がしばしば見受けられるように思うからです。

その根拠として，筆者のもとに「発達障害」の診断とともに紹介されてきた患者の約半数が誤診という事実があります。誤診というのは，筆者がその患者を治療的にフォローした上での結論です。さすがに学校や職場の環境が変わっただけで「治って」しまうような事例を発達障害とは診断するべきではないでしょう。

| 2 |「発達障害」の考え方

ここで，筆者自身の発達障害診断についての所感を述べておきたいと思います。

いうまでもなく発達障害は症候群概念であり，そこにカテゴリカルな本質は存在しません。DSM-5の功績の一つとして，パーソナリティ障害や発達障害がカテゴリカルな診断になじまず，程度問題，すなわちディメンジョナルな診断がふさわしいことを明確化した点があると考えています。

さらに個人的信念を披瀝しておけば，筆者はつねづね「心はいつでも神経症，脳はいつでも発達障害」という基本姿勢で臨床に関わっています。要は，心は本来，内省的な構造を有するがゆえに誰もがトラウマや反芻のこじれを経験するし，同じように誰の脳であっても多かれ少なかれ発達の問題を抱えていて，完璧な定型発達は存在しない，というほどの意味です。そうした心や脳の「問題」が，日常生活に支障を来す程度によって診断や治療を考えよう，ということになります。発達障害が事例化するかどうかは，その個人と，人間関係を含む周囲の環境との相互関係によって決まる。言い換えるなら，その個人の認知特性がどうであろうと，彼／彼女が十分に適応可能な環境があるのなら，発達障害診断の意味はありません。

それゆえ，もし患者に対して「あなたは発達障害です。脳の先天的な機能障害なので『治る』ということはありません。私は発達障害の診断はできますが，治療や相談は信頼できる専門家を探してください」と告げるような「専門家」がいたとしたら，それは腕の悪い占い師よりもタチが悪いと筆者は考えています。筆者の考えでは，発達障害の診断と告知は次のようになされるべきだからです。

・診断と評価に十分な時間をかける。最低で三ヶ月。望ましくは六ヶ月。
・診察室での横断的印象のみで診断しない。生育歴や複数の場面での観察を含む縦断的な視点に基づいて診断がなされるべきである。
・器質因の精査と治療に対する反応を重視する（治療的診断ないし診断的治療）。
・診断と告知の責任は全面的に医師が負う。つまり，診断をした医師が治療も担当するべきである。責任を持ってフォローアップできない立場の者は，断定的な診断をすべきではない。
・告知に際しては断定的な表現は避け，可能性は○%，といった確率的表現を用いることが望ましい。可能性が高い場合でも「治らない」といった悲観的表現は避ける。成人事例であっても「定義上『治る』という表現は用いないことになっているが，改善や発達の可能性，つまり“良くなる可能性”は十分にある」といった説明が望ましい。

先述したように筆者は，発達障害になんらかの「本質」を想定しない立場を取ります。すなわち，発達障害固有の精神病理があるとは考えません。人間の脳の機能には例外なく凸凹が存在し，発達障害と定型発達を区分する明瞭な境界線は存在しないと考えるからです。もちろん凸凹の程度には差異があり，その程度が強いために日常生活に支障を来すような人の一部を「発達障害」と診断し，治療的に対応することはあってよいとは思います。

ここで凸凹については，発達障害当事者でもある横道誠の表現を借りて「脳の多様性」と言い換えることもできます（横道, 2021）。この多様性ゆえに，マジョリティ向けに設計された社会環境にはなじめず，不断に環境との摩擦や支障を来す人が存在します。そうした人の不利益を治療的に支援する，という意味では，たとえば「性同一性障害」への対応と共通点があると言えるかもしれません。

性同一性障害はたまたま「障害」と呼ばれていますが，一義的に疾患とみなされるわけではありません。ただ，その他のセクシュアル・マイノリティに比べても，性自認に関する葛藤や周囲との軋轢が生じやすい傾向がある，とは言えるかもしれません。性自認と身体的な性を一致させる上で手術やホルモン注射といった医療の助けを必要とする場面がたまたま多い，という意味では，便宜上は障害と位置づけた方が支援しやすい面がある，という考え方もできるでしょう。

病理を想定しないのであれば，一体何をどのように支援すればいいのでしょうか。最もわかりやすいのは二次障害の治療です。虐待やいじめなどのストレスが加わることで，発達障害という基礎疾患の上に，幻覚や妄想などの症状が二次的に生じた場合，それらに対して向精神薬を用いたり精神療法的にアプローチしたりすることによって治療することは可能です。もちろん原疾患たる発達障害までが「治る」わけではない，とされてはいますが。

本稿では以下，「発達障害」については，基本的に自閉症スペクトラム障害（ASD）に限定して記述します。これはひきこもりと合併する可能性が最も高いのがASDだからという理由もありますが，筆者自身が，ADHDの治療経験に乏しいためでもあります。とはいえ，もちろんひきこもりの中にも，ADHDと診断される事例は存在します。

ここで筆者の個人的な仮説を披瀝しておけば，筆者はASDの「症状」とみなされている「社会性の障害」「コミュニケーションの障害」「想像力の障害」なるものもまた，広義の二次障害ではないかと考えています。なぜなら，これらはいずれも社会や環境との関係において析出する症状であり，本人一人のときにもこれらの問題が常に生じているとは考えにくいためです。さらに言えば，熊谷晋一郎が指摘する通り（熊谷，2020），社会性やコミュニケーション，想像力などは曖昧すぎる言葉で定義することが困難であり，定量的にも扱うことが困難です。よって筆者は，原因のいかんにかかわらず，ある特性を持つ個人が「社会」と接触するとき起こりがちな摩擦や葛藤が，定型発達者には「社会性」や「コミュニケーション」の障害に見える場合に，この診断が採用されると考えています。基本にあるのは先にも述べた「脳の多様性」ですが，脳は非常に可塑性の高い臓器なので，発達障害の有無にかかわらず，その機能や構造は変化しうるし，その意味で「発達」や「改善」は可能であると言いうるでしょう。

3 事例

ここで，筆者が経験した発達障害を伴うひきこもりと考えられる事例の治療経験を vignette的に紹介します。いずれも実際の事例に基づいてはいますが，治療の本質を損なわない程度に複数の事例を合成したものです。

事例１　40代　女性

30代で退職後に自宅にひきこもりがちとなり，家族とともに来院。当初は治療に対しても拒否的で，母親に対する不満を一方的に語るのみであった。発育歴や現症（コミュニケーションの障害，社会性の乏しさ，独特のこだわりなど）から未診断の ASD が疑われた。オープンダイアローグ（後述）による対話を導入して以降，話題が広がるようになり，投資に関心があること，小説を書いて投稿しようと考えていることなどが話題に上るようになった。また，それまで一度も話題に上らなかった姉との確執や母親への思いなども饒舌に語るようになった。地元に来た友人を観光に案内したりする機会もあったが，残念ながら現在は，コロナ禍で外出は減少している。それでも時には母親と一緒にコンサートに出かけるなど，以前よりも積極性がみられている。

事例２　40代　男性

不登校からのひきこもりが長期化していた事例である。本人一人で通院していたが，語る内容は乏しく，日常生活の幅もきわめて狭い印象があった。面接は近況を簡単に確認すると話題が尽きてしまい，10分以上に及ぶことはほとんどなかった。発育歴や現症（事例1と同様）から未診断のASDが疑われた。筆者らの治療チームでオープンダイアローグ形式の対話を導入してからは，話題の幅が徐々に広がり始め，図書館で定期的に借りている本について，たまに会っている叔父との話についてなど，話題が広がりやすくなった。しばらく顔を見せなかった男性の両親が突然来院して叔父の手術の際に血液型が同じだった本人に輸血をさせた後悔を語り，その後男性と会った叔父からのうながしで就労を意識するようになり，40歳代にしてはじめての就労に成功した（大手物流倉庫）。この就労は1年ほど続いたが，職場の事情でやめることになった。しかしその後再び就職活動をして，現在は別の倉庫で働いている。最近の面接では自己認識がいっそう深まり，周囲の人間関係についても詳しく語ってくれるようになった。

筆者は現在，発達障害の患者に対して，フィンランドの対話実践であるオープンダイアローグを応用した治療ミーティングを試みていますが，さしあたりきわめて良好な成果につながっています。一般にひきこもりを伴う発達障害の患者は，面接場面ではきわめて発語に乏しいことが多いように思います。しかし筆者の推定では，その「乏しさ」なるものは，それまで当事者がコミュニケーションの中で傷つけられ苦しんできたことの帰結である可能性が高いのではないでしょうか。治療チームは本人に対して「敬意ある好奇心」をもって向き合い，様々な角度から質問を続けます。そうした過程を経ることで，本人が次第に内的な葛藤や欲望を語るようになり，当初は予想もしなかった豊かな語りが聞かれることもまれではありません。

4 オープンダイアローグとは何か

ここで，ごく簡単に，オープンダイアローグについて説明しておきます。より詳しくは，成書やオープンダイアローグ・ネットワーク・ジャパンの作成したガイドラインなどをご参照ください（Seikkula & Arnkil, 2006 高木・岡田訳 2016；斎藤，2015；ODNJPガイドライン作成委員会（編著），2018；

Seikkula & Arnkil, 2013 斎藤監訳 2019)。

オープンダイアローグ（開かれた対話，以下OD）とは，フィンランド・西ラップランド地方のトルニオ市にあるケロプダス病院のスタッフを中心に，1980年代から開発と実践が続けられてきたケアの手法であり，サービス提供システムであり，この手法の背景にある思想を指す言葉です。急性期の統合失調症患者に対する治療的介入として，薬物治療や入院治療を最小限度にとどめながら，きわめて良好な治療成績を上げてきました。現在は統合失調症に限らず，あらゆる精神障害を対象に実践が行われています。

実践の現場でなされることは以下の通りです。セラピストは，クライアントやその家族から電話などで依頼を受けたら，24時間以内に数名の治療チームを結成し（即時対応），クライアントの自宅を訪問します。本人や家族，友人知人らの関係者（「ネットワーク」と呼ばれます）が車座になって座り「開かれた対話」を行います。ミーティングは，クライアントの状態が改善するまで，ほぼ毎日のように続けられることもあります。

ここで治療チームは，患者チームと対等の信頼関係を結びながら，問いかけと応答によって困りごと（症状，病的体験を含む）の言語化と共有を試みます。不確実性を重視するため，あらかじめプランは立てず，今この場での対話のプロセスに集中します。患者の目の前で治療チームが話し合う「リフレクティング」において，感想や共感，アイディアや提案が交換され，その過程から患者にとって適切な決定が自ずから導かれていきます。対話は「変化（改善）」を意図してなされるわけではありませんが，良い対話の持続があたかも副産物のようにして改善や治癒をもたらすというイメージです。この過程で重要なのは，ハーモニーよりもポリフォニー（Бахтин，1963 望月・鈴木訳 1995）であり，多様な思いの共存とされています。

OD の原理は，複数の手法と思想のハイブリッドです。訪問支援システムはすでにフィンランドで普及していた「ニーズに応じた治療　Need Adapted Treatment」，ネットワークの発想はシステム論的家族療法，対話のあり方にはナラティブセラピーとアンデルセンのリフレクティング・プロセス（Andersen, 1995 鈴木監訳 2015），思想としてはベイトソン（Bateson, 1972 佐藤訳 2000）とバフチン（Бахтин，1963 望月・鈴木訳 1995）

の影響が大きいと言われています。

すでに OD の有効性については様々なエビデンスが報告されています。現在もっともエビデンスレベルの高い研究は，トルニオにおいて実施された 23 年間にわたる後ろ向きコホート研究である ODLONG研究（Bergström et al., 2017）で，きわめて良好なアウトカムが示されています。現在OD は，フィンランドに限らず，アメリカ，イギリス，オーストラリア，ドイツ，デンマークなどの各国において，コミュニティケアのシステムに実装が進んでいます（Putman & Martindale（Eds.），2021）。

上に述べた通り，OD は基本的には統合失調症のケアを目的としていましたが，その後応用範囲が広がり，現在は発達障害やひきこもりもケアの対象に含まれています。筆者が OD的な対話実践を発達障害の事例に応用して良い成果を上げたことは先にも述べました。

これは考えてみれば不思議なことです。発達障害では「コミュニケーション」そのものに問題があるとされ，その特性は基本的には変わらないものとみなされています。対話もまた広義のコミュニケーションと考えるなら，対話によって発達障害の事例に変化や改善が起こるのはなぜなのでしょうか。

｜ 5 ｜自明性の喪失

唐突ですが，ここでひとつの補助線として「自明性の喪失」について考えてみたいと思います。

精神病理学者のブランケンブルクは，統合失調症の基本的な病理として「自明性の喪失」を提唱しました（Blankenburg，1971，木村・岡本・島訳 1978）。本書に登場する症例アンネ・ラウには，目立った幻覚や妄想はありませんが，人々にとって当たり前のことが自分にはわからないという「自明性の喪失」に苦しんでいました。

ブランケンブルクはアンネの言葉をもとに，我々の世界―内―存在を支えている自明性の構造を論じています。我々の日常生活の基底に「自然な自明性」があり，それは「あらゆる気楽さや安心感にとっての基盤，それの可能性の条件」とされます。「自然な自明性」は，習慣的な日常的意識の基盤として世界―

内―存在を支えているため，「健常者」にはほとんど意識されません。それは，その存在と作動があまりにも自明であるゆえに，それに対して注意が向けられにくいからです。その意味において「自然な自明性」は超越論的な位置にあって世界を構成する感覚，ということもできます。それが喪失されることで，彼らは自身の存在そのものに深い懐疑を抱き，その執拗な懐疑によって，自明性の基盤はいっそう掘り崩されてしまうのです。

一方，ASD の患者もまた，ある種の「自明性の喪失」について困惑していると考えられます。この点については，ASD当事者である綾屋紗月によるみごとな記述があるので，以下に紹介します（綾屋・熊谷，2008）。

綾屋は，空腹感や疲労感をうまく感じたり，適切に対処したりすることができません。それは「大量の身体感覚を絞り込み，あるひとつの〈身体の自己紹介〉をまとめあげる」作業に，人よりも時間がかかるためです。例えば，長く食事をしないでいると，「ボーっとする」「動けない」「血の気が失せる」「頭が重い」「胃のあたりがへこむ」といった，バラバラの感覚情報が彼女を襲います。しかしこれらの感覚は，彼女の中で，ひとまとまりの「空腹感」を構成しません。だから彼女は「お腹が空いた」と感じることがありません。しかし，これを放置すれば，低血糖で倒れてしまいます。それゆえ彼女は，「一定の時間になったら上司に断ってソバ屋でソバを食べてまた戻って仕事をする」という行動パターンを自分の中に登録しておいて，必要に応じてそのパターンを呼び出すというルールを設けて対処しています。

このとき彼女は，「空腹感」という誰にとっても自明の感覚を感じられずにいます。ただし彼女は，自分以外の人には，どうやらそうした感覚が備わっているらしいことに気付いてはいます。つまり彼女においても自明性は喪失されているのですが，その喪失のありようには特定のパターンがあり，それゆえ彼女はその対策として，登録された行動パターンを用いることができるのです。この行動パターンによる代償が成功し続けている限りにおいて，綾屋は強い不安や困惑を抱かずに日常生活を送ることができるわけです。

実は『自明性の喪失』のアンネ・ラウについては，後年「発達障害の誤診ではないか」と批判された経緯があります。しかし筆者は，以下に示す理由から，そうした誤診の可能性は低いと考えています。なぜなら，綾屋とアンネの「自明性の喪失」は，そもそも位相が異なっていると考えられるからです。綾屋に欠けているのは「空腹感」の感覚ですが，彼女はその感覚が存在すること自体は疑っていません。言い換えるなら，綾屋は自身の感覚のずれに悩まされることはあっても，自分自身（およびその感覚）に対する存在論的懐疑によって悩まされることは比較的少ないのです。

一方アンネについて考えるなら，彼女はおそらく，人並みの「空腹感」は感じられたはずです。にもかかわらず彼女は，「これは本当に空腹感なのか」「空腹感を感じるのは普通のことなのか」「他の人も私と同じ感覚を覚えるのか」などと懐疑し続けることをやめられないのです。これこそがアンネを執拗に悩ませ続けた存在論的懐疑です。

ここでカント的な言い回しを援用するなら，綾屋にとっての自明性とは，諸感覚のメタレベルにあり諸感覚を統合する上位の感覚であり，それは仮に「超越的自明性」と呼ぶことができます。しかしアンネにとっての自明性は，感覚や経験そのものの成立を可能にするような存在そのものの基盤であり，こちらは「超越論的自明性」と呼びうるでしょう。もしもこの区分が有効と見做されるのであれば，アンネはやはりASDではなく統合失調症と診断されるべきであると筆者は考えます。

ASDが以上のような問題を抱えているとして，そうした問題にODがなぜ有効なのでしょうか。

日常的な会話は，指示語や符丁が多く用いられるようなハイコンテクストな対話，すなわち自明性の度合いが高い対話になりがちです。しかしODの機能の一つは，こうした対話の自明性を徹底して掘り崩すことです。ODでは，曖昧な指示語や符丁はほとんど使われません。とりわけ「超越的自明性」に関しては，対話の過程がその基底にまで届くことが目指されています。たとえば「空気を読む」場合の「空気」こそは超越的自明性の一種ですが，対話実践はそうした「空気」を常に切断し，攪拌しようとする試みでもあります。

さらに言えば，対話実践の現場では，常に患者の発言が尊重され，しっかりと傾聴されるとともに，曖昧なところやわかりにくいところについては強い興味と関心のもとで質問がなされ，さらにリフレクティングではその発言についての共感や感想が交換されます。おそらくは，このような対話実践の性質ゆえに，

ASD患者はごくまともに語ることができるのでしょう。このためか，筆者は彼らの話を聞いていて，奇異な印象を持ったことがほとんどありません。これは，集団が醸し出しがちな超越的自明性を期待されず押しつけられもしないこと，伝達の困難が様々な角度から問われることで解消できることなどが，彼らを安心させ，くつろがせるためではないでしょうか。

｜6｜ひきこもりの段階的支援

しかし，以上の説明だけでは，「なぜ対話が有効なのか」まではわかりません。確実に言えることは，ほとんどのASD患者にも十分に対話は可能であり，対話を用いた精神療法的な試みが「有効」でありうる，というところまでです。

ASDのコミュニケーションにはいくつかの特性があり，この点に配慮した支援が重視されています。たとえば会話する際には「省略をしない，完全な文章で伝える」「主語と目的語をつける」「具体的用語・表現を用いる」「冗談は控える・皮肉は言わない」などの配慮が必要とされています（市橋監修，2018）。これはASDが基本的に文脈や空気を読むのが苦手なので，曖昧な指示語や符丁はできるだけ使わない，という配慮です。また彼らは，言葉を文字通りに受けとめる傾向があることから，皮肉や冗談は控えることも必要です。このほか，二つ以上のことを同時進行で指示しない，とか，初めての場面では手順を図解するなどの具体的説明をあらかじめ丁寧に行うこと，なども必要です。

しかし言い換えるなら，ASDとのコミュニケーションは，一定の配慮のもとでは十分に可能ということになります。筆者はその意味で，ひきこもり事例の支援に際しては，ASDの有無にかかわらず，基本的には同一の形で支援を行うことができると考えています。

それでは，ひきこもりに対する支援とはどのようなものでしょうか。

｜7｜治療的支援の実際

厚生労働省のガイドラインによれば，治療的支援としては，①家族支援，②個人療法，③集団療法，④就労支援の4段階があるとされています（図4-1）（厚生労働省，2010)。以下，図に示された各段階について，簡単に説明を加えていきます。

① **家族支援**：この段階では，長期間わが子との断絶ないし葛藤に悩んできた家族の相談に応じながら，「ひきこもり」の基本的知識と対応法について情報提供していく段階です。初期の段階では，ひきこもり当事者は一般的に治療や支援を拒むことが多いため，はじめは相談ニーズの強い家族に限定した対応が必要となります。具体的には家族間での対話を勧め，しばしば断絶したり対立したりしている当事者との関係修復を目指すことになります。ここで重要なことは，当事者が「家にいて安心できること」を目指して対話を重ねる姿勢です。家族会への参加もこの段階で勧められます。治療は長期間に及ぶ可能性が高いため，家族のモチベーション維持のためにも，家族会に参加する意義は大きいと考えています。また，もし可能であれば，この段階での家庭への訪問支援を行うこともきわめて有意義です。ただし，訪問支援を利用する場合は，必ず当事者の同意を得ることをお勧めします。

② **個人療法**：家族関係が修復されてくると，当事者にも「実は苦しい，なんとかしてほしい」といったニーズが生まれてきます。家族の粘り強い誘いによって当事者が通院し始めたら，個人精神療法を開始することになります。

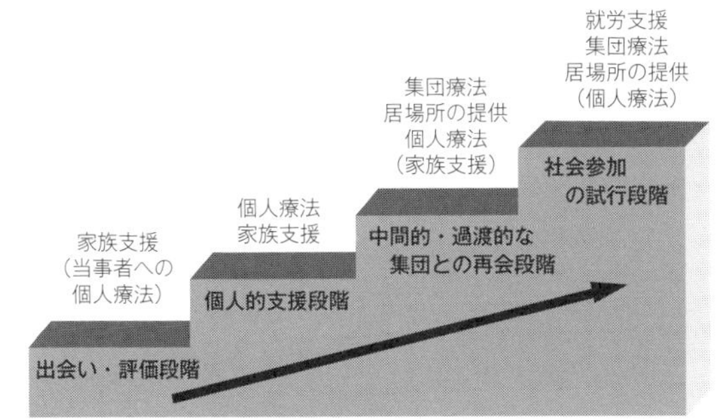

図4-1　ひきこもり支援の諸段階
（厚生労働省，2010）

ここでも対話を中心とした支持的精神療法が有効ですが，場合によっては薬物治療を併用することもあります。発達障害の合併の有無にかかわらず，当事者の異常性や精神症状よりも，本人のまともさや健康さのほうに注目しつつ，そうした「強み」を強化するような姿勢で向き合うことが重要です。やみくもに社会参加や就労を目指すのではなく，本人の自発性や主体性を尊重しつつ関わりを継続できれば，それだけでも十分に治療的な関わりになりうるでしょう。

③ **集団療法**：ある程度精神症状が安定し，社会参加の可能性が見えてきたら，対話の中で集団参加への促しを試みます。本人と同様の問題を抱えた若者の居場所やデイケア，自助グループなどの「中間集団」を紹介し，親密な仲間関係を経験してもらうためです。人間関係の獲得によって当事者は自信を回復し，そこから自発的に社会参加を求め始めることも多いので，あらかじめ地域で利用可能な社会資源を複数確保しておきましょう。

④ **就労支援**：当事者が望んだ場合は，就労支援窓口を紹介することになりますが，一般的には地域若者サポートステーションやヤングハローワーク，精神障害者保健福祉手帳が交付されている場合は，就労移行支援事業所の利用を勧めます。中高年の事例の場合は，64歳まで利用できる就労継続支援A型作業所か，就労移行支援を利用しての障害者枠での就労につなげることが可能です。

通常のひきこもり事例の場合は，就労支援の手前で③のような集団参加の段階をはさむほうが良いとされるのは，いきなり就労して人間関係でつまずくよりは，ある程度「人慣れ」してからのほうが，仕事が定着しやすいという経験則に基づいています。ひきこもり当事者も，「まだ就労したいという気持ちにはなれないが，仲間は欲しい」という時期を経ることが多いため，社会参加の前段階として，こうした中間集団に参加しておくことには意味があります。もっとも，現在の就労移行支援事業所の多くは発達障害当事者を対象とすることが多いため，就労訓練の過程にもケアの要素が含まれていることが多く，③を経ずに④の段階へ移行する人も少しずつ増えています。

ひきこもり当事者の多くは，他人が自分に対して悪い印象を持つのではないかという対人恐怖的な葛藤が強く，その解消の意味もあって③の段階を利用する必要があります。しかしASDの場合は，この種の葛藤は比較的少ないため，③の段階へのニーズはそれほど高くありません。ある程度回復した段階で，④から就労へ向かう事例が相対的には多いという印象があります。

8　対話的支援について

筆者はひきこもり事例に本格的に関わり始めた20年前から，対話（当時は「会話」）を重視してきました。ここで，ひきこもりの治療的支援において，対話の持つ意義について述べておきたいと思います。

現在筆者が実践している対話実践のスタイルは，先述のODの手法に依拠しています。

以下に，ODを経験した当事者の手記から引用します。

> 「『説得』では結論が先行している。結論が先行しているのならば，ひきこもり当事者は何を言ってもモノローグになってしまう。親との会話を壁と話しているように私が感じたのは，動かしがたい結論が先にあることから生じる無力感が原因だった。このように，ただ一つの結論や答えに収束させようとする『閉じていく会話』では，当事者の主体性や自発性は生まれない。むしろ，当事者を無力にする。『働け』と，ひきこもりを『説得』しても無駄なのは，指示や説教が当事者の力を奪うからだ」。

これはひきこもり当事者体験のある木村ナオヒロが，自ら創刊したメディア「ひきこもり新聞」に掲載した手記「オープンダイアローグ体験記」からの抜粋です（木村，2018)。

ここで「親」とある箇所は，「医師」や「支援者」にも置き換えられるでしょう。専門知に依拠した「結論」，すなわち診断や治療方針を一方的に押し付けるような治療ないし支援を彼は批判しているわけです。支援において重要なのは，あくまでも双方向的な対話であって，それはひきこもりに限った話ではありません。重要なのは，関係における「対等性」であり，治療や成果にとらわれずに，対話の過程そのものに没頭する姿勢なのです。

筆者がひきこもり当事者と向き合う際の基本的態度は「困難な状況にあるまともな人」として向き合うことです（斎藤，2020）。もちろん保険診療をする上では，嘘にならない範囲で診断名はつけますが，それはありていに言えば便宜上のものです。そのうえで，本人の持つ能力，健康さなどを把握し，そうした強みを通じて彼／彼女と治療同盟を結ぶことにしています。

先の手記にもあったように，ひきこもりの治療的支援の主軸は，精神症状の改善よりも，彼／彼女自身の自発性，主体性を発揮できる場所を見出すことです。対話はそのためになされるのであって，この点は家族との対話，治療者との対話，いずれの場合も変わりません。

もちろん，いつでも治療チームが組めるわけではないので，OD そのままの形での応用は難しいかもしれません。しかし，対話実践に近いことは工夫次第で十分に可能であると考えられます。そのためのヒントとして，本稿では対話実践を阻害する様々な行為について，簡単に触れておくことにします。

「議論」，「説得」，「押しつけ」，「誘導」，「懇願」，「命令」。これらが対話的とは言えない理由については，比較的わかりやすいと思います。いずれも対話を持ちかける側にあらかじめ結論があり，それを当事者に一方的に受け入れさせるための行為だからです。

「警告（脅し，煽り）」は，「ひきこもったままだと親が死んだら孤独死だよ」のような言葉を指しています。しばしば「良かれと思って」なされることが多いようです。同じく「アドバイス」も好ましいとは言えませんし，アドバイスとしてなされる「ダメ出し」も同断です。いずれもそれを言われる当事者が，何らかの意味で間違っていることが前提になるためです。

意外に思われるかも知れませんが，対話においては「解釈」もあまり好ましくないとされています。例えば，やり取りの中で，「あなたがお母さんへの感謝をおおげさに口にするのは，お母さんとの葛藤を認めたくないからでしょう」といった指摘は，仮に当たっていたとしても，当事者の不安をかき立ててしまう恐れがあります。もちろん解釈をすべて避けることは困難かも知れませんが，少なくともその解釈を聴いた本人が不安に駆られないようにする配慮は必要かと思います。

ともあれ以上のような行為は，家庭内であっても，治療場面においても好ましいものではありません。これらに気をつけることで，対話によって当事者を傷つけるリスクは大幅に減らせるでしょう。

「説得はともかく，アドバイスすら好ましくないのなら，何を話していいかわからない」とお感じかもしれませんね。これに関して，ふだんから筆者が心がけているのは，当事者の主観的世界を理解すべく質問を重ね，いろいろと「教えてもらう」という姿勢です。もちろん当事者の意見に同意できない場合もありますが，その場合は筆者が主観的に同意はしていないことを伝えつつ，「共感」可能なポイントを探ろうとするでしょう。たとえば「親を殺したい」という訴えに同意はできないが，そう思うに至った過程については共感可能である，というように。対話においては，合意や調和（ハーモニー）を目指す必要はありません。むしろ「違っていること」こそが歓迎されます。真の主体性は，合意や調和といった同一化よりも，多様な差異が保障されたポリフォニックな空間からしか生まれないからです。

｜ 9 ｜愛着，メンタライジング，心の理論

先述した通り，筆者はASDに特異的な精神病理があるとは考えていません。しかし，ASDに共通する，非特異的な基本的障害は存在すると考えています。本稿においてはASDにおける「愛着の障害」について検討し，次いで「メンタライジングの不全」と「心の理論」について検討した上で，これを対話実践の有効性に接続するという構成を考えています。これらを非特異的と言うのは，いずれも境界性人格障害などにおいてもみられる障害とされているからです。Bowlbyが提唱したアタッチメント（愛着）の概念（Bowlby, 1976）は，人生初期における子どもとその養育者間で形成されるシステムを指しています。ここで重要となるのは二つの概念，「安全基地」と「内的作業モデル」です。子どもは愛着対象——母親とは限りませんが，やはり母親がこの位置を占めることが多いでしょう——を安全基地として，探索したり遊んだりしながら，

自律して行動できる範囲を広げていきます。このとき子どもは，愛着対象との活発な相互作用（非言語的なものを含む）を行いつつ，幼少期に「内的作業モデル（Internal Working Model）」を形成していきます（Allen，Fonagy & Bateman, 2008）。内的作業モデルによって，子どもは他者の行動を予測したり，予測に基づいて自分の行動を決定する能力を発達させたりしていきます（Bowlby, 1969/1976）。

ここで重要となってくるもう一つの概念として「メンタライジング」があります。提唱者のFonagyらによる簡便な定義は以下の通りです（Fonagy，Steele，Steele，Morgan & Higitt, 1991）。

・心で心を思うこと
・自己と他者の精神状態に注意を向けること
・誤解を理解すること
・自分自身をその外側からながめることと，他者をその内側からながめること
・（～に）精神的性質を付与すること，あるいは，（～を）精神的に洗練させること

これらは別の言い方をすると，様々な行動の背景にある心の動きを想像する能力，ということもできるでしょう。その意味でメンタライジングとは，自分や他人の精神状態を想像し理解するための，いわば社会的認知につながるような包括的概念でもあります。

こうしたメンタライジングの能力は，養育者とのアタッチメントを基盤として形成されます。子どもはこの能力を獲得することで，内在化のプロセスが可能になります。アタッチメントの形成過程においては，養育者の幼児へのリフレクティブな関わり（リフレクション）を通じて，メンタライジングの能力が世代間で伝達されるものとみなされています（Fonagy & Target, 1997）。

ここでまた「リフレクション」という新しい言葉が出てきました。リフレクションは教育哲学者のジョン・デューイが提唱した内省的思考（reflective thinking）に由来する言葉で，簡単に言えば「内省」のことです。自他の行動について振り返り，理解したり判断したりする能力です。リフレクションは幼

児期の子どもが自身の精神活動を内部観察する能力でもあり，子どもの自己の組織化や感情の発達において重要な役割を果たします。リフレクションは他者の行動や心的状態を理解する能力として，メンタライジングと同義語のように扱われます（Premack & Woodruff，1978）。

Fonagy らによれば，自閉症におけるメンタライジングの欠損には，以下のようなものがあります（Allen，Fonagy & Bateman, 2008）。

・社会的刺激に対する選好的志向性の欠如
・情動的関わりと反応性のレベルの低さ
・共同での活動に関わり，それを始めることに失敗すること
・言語学習の障害
・心の理論課題における成績の悪さ
・ふり遊びや想像的活動への関与の欠如
・自己認識の欠損と人称代名詞の誤用

ここでは特に「心の理論」に注目してみましょう。心の理論とは，他者の心を類推し理解する能力を意味します。その原典はチンパンジーについての研究でしたが（Baron-Cohen，Leslie & Frith, 1985），その後は発達心理学において，乳幼児を対象に様々な研究が行われるようになりました。

ある存在（ヒトに限りません）が心の理論を持っているかどうかは，主に誤信念課題（false belief task）によって調べることができます。最も有名なのは「サリー・アン課題」とよばれるものです。この課題は，紙芝居形式で呈示されることが多いですが，目の前で実験者が登場人物を演じる場合もあります。ここでは漫画の形式で提示します。

サリーとアンは同じ部屋にいて，そこにサリーのバスケットとアンの箱が置かれています。サリーはビー玉をバスケットに入れてから部屋の外に出ていきますが，そのすきにアンがビー玉を自分の箱に移動します。最後にサリーが部屋に戻ってきて，ビー玉を取り出そうとします。

ここで子どもに「サリーがどこを探すと思うか」と尋ねます。３歳児の多くは「箱」と答えますが，４～５歳児は「バスケット」と答えます。３歳児は，

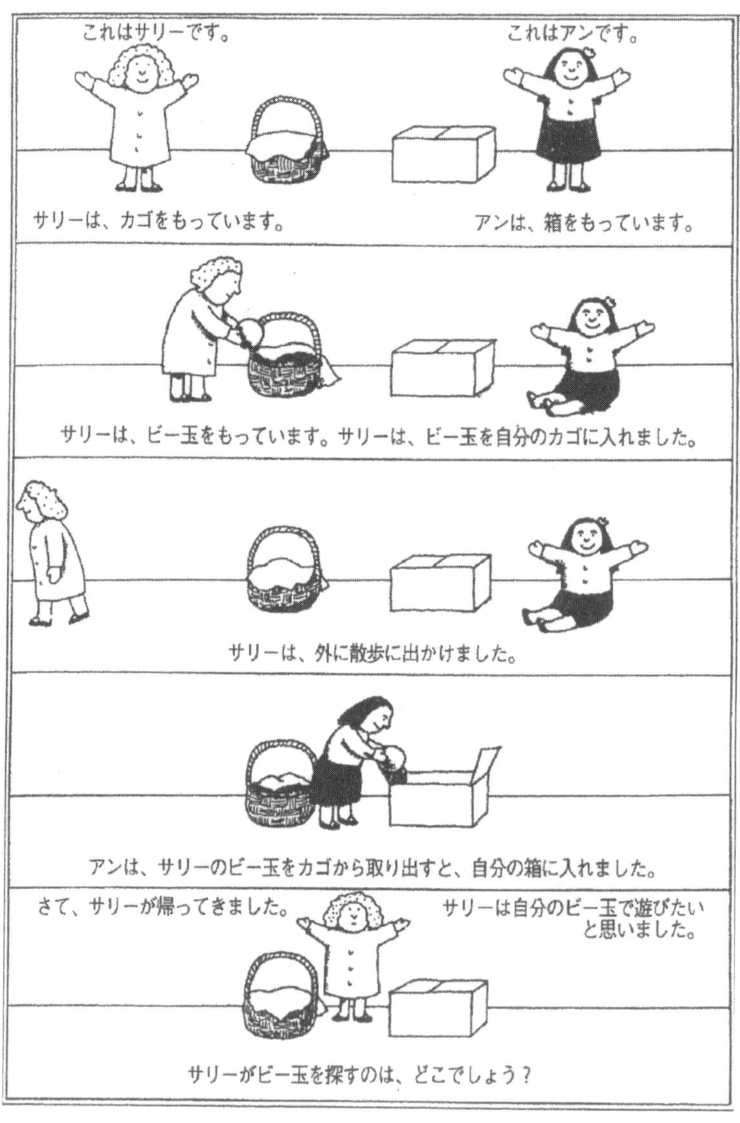

図4-2　サリー・アン課題（Frith,2003／冨田・清水・鈴木訳，2009 より）

自分が見て知っていること（ビー玉がアンの箱にあるという現実）と，サリーの信念(ビー玉はバスケットに入ったままのはずというサリーにとっての現実)が異なることを，うまく理解できないからです。

Baron-Cohen は，知能年齢が高い自閉症児であっても，課題の通過率は20%であったことを示し，自閉症では「心の理論」が獲得されにくいことを報告しました。Baron-Cohen が提唱した「マインドブラインドネス」は，メンタライジングの反対概念で，自己や他者の精神状態が見えなくなること，つまり心の理論が機能不全に陥っていることを意味します。Baron-Cohen はこれを自閉症の中核欠損と考えていました（Andersen, 1995）。

心の理論とメンタライジングは共通点もありますが，いくつかの点で異なっています。たとえば，心の理論は他者理解を目的として用いられますが，メンタライジングでは，自己と他者の両方の心的状態の理解が求められます。心の理論の指標として用いられる誤信念課題や視点取得課題（斎藤著・訳, 2015）は，他者の思考や感情についての理解の正誤を問い，その獲得の有無を測定できます。これに対してメンタライジングは，リフレクションを通した自己理解・他者理解を指しており，そこでは理解の正誤よりもメンタライジングの程度（自他への理解の重点のバランス，思考の柔軟性など）や，リフレクションの質（その深さや広さ，内省的なものか反芻的なものかなど）といったプロセスが重視されます。

ASD では愛着障害が常に伴うかどうかについては様々な議論がありますが，「心の理論」が獲得されにくく，メンタライジングにも障害が生じるとされています。ただし，これらの障害はいずれも脳の器質的，機能的な障害から生じると考えられており，例えば愛着障害→メンタライジングの障害→心の理論の障害といった因果関係として発展すると想定されているわけではありません。この問題に対する介入としては，メタ認知療法（Metacognitive Therapy: MCT）および，そのプロセスにおける 注意機能訓練（Attention Training Technique: ATT）がありますが，ASD の治療に応用した先行研究はほとんどありません。そこで本稿では，成人の ASD事例に対して，OD的な対話実践がなぜ有効だったのか，その治療機序について検討してみたいと思います。

10 リフレクティング

上述したように，リフレクションはメンタライジングの発達の上で重要な意味を担っています。一方「リフレクティング」は，OD における重要な手法でもあります。

リフレクティング・トークは家族療法家のトム・アンデルセンとその同僚が開発した手法であり，OD とは独立に発展してきた歴史があります（Wallin, 2007）。手法の名前ではありますが，リフレクション（内省）の過程を大切にしている点など，共通するところが大きいとも言えます。

「リフレクティング」では，治療チームが患者や家族の訴えを聞き，ついで当事者の目の前で専門家同士が意見交換をし，それに対して患者や家族が感想を述べます。ごく簡単に言えば，この過程を繰り返すことが OD におけるリフレクティングです。クライアントや家族の目の前で，専門家同士がケースカンファレンスをするようなイメージでもあります。あるいは個人が内省するかわりに，その個人の目の前で，治療チームが内省的なやりとりを展開してみせる，という場面とも考えられます。

本人の訴える内容については，基本的に「症状」や「診断」で語ることはせず，本人が「困っていること」に焦点化します。たとえば「幻聴を訴える統合失調症患者」ではなく，「そこにいない人の声に悩まされている人」という理解を優先します。その異常体験についてクライアントが独自の解釈や命名をしている場合は，そちらを優先するようにします。

ほかにも本人が苦しんでいることに共感を示したり，努力していることを評価したりします。このとき治療者は，自らのうちに湧き起こる感情を表出して構いませんし，個人的な事情を開示することも勧められています。例えば「今の話を聞いていて，私も胸が苦しいような気がしました」「私にも認知症の母親がいますから，あなたの大変さはわかる気がします」などのように。「この治療法はどうか」「こんな対応をしてみては」といった具体的な提案やアドバイスもなされますが，どれかひとつに絞り込むよりも，様々なアイディアの断片を「お盆に載せる」ようなイメージが好まれます。

リフレクティングの意義を簡単に述べることは困難です。対話に様々な「差異」を導入し，新しいアイディアをもたらすこと，参加メンバーの内的対話を活性化すること，当事者が意思決定をするための「空間」をもたらすこと，などが指摘されています。結果的にクライアント側が様々なことを考え，新たに対話に向き合うための時間となることが期待されています。

この過程が実際にメンタライジングの機能を高めているかどうかについては，先行研究もないため断定的なことは言えません。しかし，もしリフレクティングが本人になりかわって内省を試みるという意義を持ちうるのであれば，それが本人自身の心の理解を深めると同時に，「他者の心を知ろうとする身振り」の学習につながっている可能性もあります。例えば事例２の場合などは，対話実践のプロセスの中でなされたリフレクティングの繰り返しも本人の自己認識を深める上で有益であったという手ごたえはありました。

このリフレクティングが最たるものですが，対話がメンタライジングを改善するという仮説にはいくつかの根拠があります。例えば David J. Wallin は次のように指摘しています。

「会話についての会話をすることは，人格的発達の対人バージョンであり，私たちがすべての患者において促進したいと願っていること，すなわちメンタライジングそのものです。そこでは対話することそのものがメッセージなのです。メタコミュニケーション的な対話，すなわちコミュニケーションについてのコミュニケーションを育むことは，メタ認知，すなわち思考について思考する力を育むことを意味します。自分の体験に巻き込まれすぎている患者にとっては，この種の対話はより深く情緒的な内省への扉を開いてくれるでしょう」

リフレクティングはまさに「会話についての会話」にほかならず，それがメンタライジング機能の改善を促し，より深い内省を可能にしているとすれば，ここには OD が ASD の「治療」に寄与しうる可能性の一端が示されているとも言えるでしょう。

言い換えるなら，リフレクティングをする際には，治療チームはそれがメタ認知を刺激することで体験の渦中にある患者の自己認識や他者認識を改善しうる可能性があるという点をある程度意識することが望ましい態度と言えるのかもしれません。

| 11 | 間主観性を育む対話

それでは，リフレクティングに限定されない対話実践は，ASD の「治療」にどのように貢献するでしょうか。Seikkula は，次のように記しています (Seikkula & Arnkil, 2014)。

「対話をしていると，間主観的な意識があらわれてきます。私たちの社会的アイデンティティは，自分の行為を他者の行為に合わせていくなかで構成されます。互いにリアルに接触し，互いに合わせていくなかに，生きた人間が立ち上がります。それはダンスにも似ています。誰もダンスの最中に，言葉で考えたりコントロールしたりしようとする人はいないでしょう」。彼によれば対話とは音楽でありまたダンスでもあります。このダンスを通じて，人は，他者の目を通じて自分を見ることが可能になります。トレヴァーセンが述べたように (Trevarthen, 1990)，両親と生まれて間もない子どもは，表情や手振りや発声の強弱を使って，相互に感情を調律しあう優雅なダンスを始めます。このような「対話」を通じて，間主観性が育まれるのです。

もう一点，重要な指摘があります。フィヴァ＝ドゥプーサンジュら（Fivaz-Depeursinge et al., 2005）によれば，子どもの発達において，二項関係から三者関係のコンテクストへ焦点を移すことは重要な意味を持ちます。これを筆者なりに解釈すれば，二項関係はまだモノローグですが，三者関係からダイアローグが始まる，ということです。対話から間主観性が育まれる上でも，第三者の存在は決定的に重要であると考えられます。

先にも引用した Wallin（2007）は，間主観性と愛着は互いに補強し合うような関係にあり，メンタライジングこそは間主観性のあらわれであるとしています。ただ，メンタライジングとは異なり，意味や言語的理解を介さない間主観性のほうが，より一次的という位置付けになるでしょう。メンタライジングなしでも間主観性は成立しますが，その逆は成立しにくいと考えられるからです。

以上の議論をまとめると，次のようになります。三者以上で行う対話実践は，間主観的な意識を賦活することを通じて，メンタライジングや（おそらくは）「心の理論」の機能的改善を促している可能性があります。現時点ではまだ仮説に過ぎませんが，今後もしこの治療機序が実証されれば，そこには間違いなく「発達障害の精神療法」の新しい可能性があると考えることができるでしょう。

文献

Allen, J. G., Fonagy, P., & Bateman, A. W. (2008). *Mentalizing in Clinical Practice*. Washington DC : American Psychiatric Publishing Inc.
（アレン，J. G.・フォナギー，P.・ベイトマン，A. W.　狩野 力八郎（監修）上地 雄一郎・林 創・大澤 多美子・鈴木 康之（訳）(2014). メンタライジングの理論と臨床――精神分析・愛着理論・発達精神病理学の統合――　北大路書房）

Andersen, T. (1995). *Reflecting processes : Acts of informing and forming*. New York : Guilford Publication.
（アンデルセン，T.　鈴木 浩二（監訳）(2015). リフレクティング・プロセス――会話における会話と会話――（新装版）　金剛出版）

綾屋 紗月・熊谷 晋一郎 (2008). 発達障害当事者研究――ゆっくりていねいにつながりたい――　医学書院

Бахтин М. М. (1963). *Проблемы поэтики Достоевского*, Изд. 2-е. Москва.
（バフチン，M. M.　望月 哲男・鈴木 淳一（訳）(1995). ドフトエフスキーの詩学，筑摩書房）

Baron-Cohen, S., Leslie, A. M. & Frith, U. (1985). Does the autistic child have a "theory of mind"?. *Cognition. 21* (1), 37-46.
（バロン=コーエン，S.　長野 敬・長畑 正道・今野 義孝（訳）(2002). 自閉症とマインド・ブラインドネス　新装版　青土社）

Bateson, G. (1972). *Steps to an ecology mind*. New York : Ballantine book.
（ベイトソン，G.　佐藤 良明（訳）(2000). 精神の生態学 改訂第2版，新思索社）

Bergström,T., Alakare,B., Aaltonen,J., Mäki,P., Köngäs-Saviaro,P., Taskila, J. J., & Seikkula, J. (2017). The long-term use of psychiatric services within the Open Dialogue treatment system after first-episode psychosis. *Psychosis*, *9*(4), 310-321.

Blankenburg, W. (1971). *DER VERLUST DER NATÜRLICHEN SELBSTVERSTÄNDLICHKEIT : Ein Beltrag zur psychopathologie

sympsomarmer Schizophrenien Wolfgang Blankenburg, Ferdinand Enke verlag, Stuttgart.
（ブランケンブルク，W．木村 敏・岡本 進・島 弘嗣（訳）（1978）．自明性の喪失――分裂病の現象学――　みすず書房）

Bowlby, J.（1969）．*Attachment and Loss* Vol. 1. Attachment. London: The Hogarth Press.
（ボウルビィ，J．黒田 実郎・大羽 蓁・岡田 洋子・黒田 聖一（訳）（1991）．母子関係の理論Ⅰ　愛着行動（新版）　岩崎学術出版社）

Bowlby, J.（1976）．*Attachment and Loss* Vol. 2. Separation: Anxiety and anger. London: The Hogarth Press.
（ボウルビィ，J．黒田 実郎・岡田 洋子・吉田 恒子（訳）（1991）．母子関係の理論Ⅱ　分離不安（新版）　岩崎学術出版社）

Fivaz-Depeursinge, E., Favez, N., Lavanchy, S., De Noni, S. & Frascarolo, F.（2005）．Four-month-olds Make Triangular Bids to Father and Mother During Trilogue Play with Still-face, Social Development, *14*(2), 361-378.

Fonagy, P., Steele, M., Steele, H., Moran, G. S., & Higgitt, A.（1991）．The capacity for understanding mental states: the reflective self in parent and child and its significance for security of attachment. *Infant Mental Health Journal, 12*(3), 201-208.

Fonagy, P. & Target, M.（1997）．Attachment and Reflective function : Their role in self organization. *Development and Psychopathology*, Vol.9, 679-700.

Frith, U. (2003). *Autism: Explaining the enigma 2nd ed.* Blackwell Publishing.
（フリス，U．冨田真紀・清水康夫・鈴木玲子（訳）（2009）．新訂 自閉症の謎を解き明かす　東京書籍）

市橋秀夫（監修）（2018）．大人の発達障害――生きづらさへの理解と対処――　講談社

木村ナオヒロ（2018）．【当事者手記】オープンダイアローグ体験記.2018年４月６日付ひきこもり新聞Web版　Retrieved from http://www.hikikomori-news.com/?p=3022（2022年７月16日）

厚生労働省（2010）．ひきこもりの評価・支援に関するガイドライン　厚生労働科学研究費補助金こころの健康科学研究事業「思春期のひきこもりをもたらす精

神科疾患の実態把握と精神医学的治療・援助システムの構築に関する研究（H19こころ――般―010)」（研究代表者　齊藤万比古　Retrieved from https://www.mhlw.go.jp/file/06-Seisakujouhou-12000000-Shakaiengokyoku-Shakai/0000147789.pdf（2022年７月16日）

熊谷 晋一郎（2020）．当事者研究――等身大の〈わたし〉の発見と回復――　岩波書店

ODNJPガイドライン作成委員会（編著）（2018）．オープンダイアローグ　対話実践のガイドライン　2018年版　精神看護，*21*(2)，105-132

Premack, D., & Woodruff, G.（1978）．Does the chimpanzee have a theory of mind?. *Behavioral and Brain Sciences, 1*(4)，515-526.

Putman, N. & Martindale, B.（EdS.）（2021）．*Open Dialogue for Psychosis* (The International Society for Psychological and Social Approaches to Psychosis Book Series) London：Routledge.

斎藤 環（著・訳）（2015）．オープンダイアローグとは何か　医学書院

斎藤 環（2020）．中高年ひきこもり　幻冬舎

Seikkula, J.& Arnkil, T. E.（2006）．*Dialogical Meetings in Social Networks*, London：Karnac Books.

（セイックラ，J．＆ アーンキル，T．E．高木 俊介・岡田 愛（訳）(2016)．オープンダイアローグ　日本評論社）

Seikkula, J. & Arnkil, T. E.（2014）．*Open dialogues and anticipations：Respecting otherness in the present moment*. National Institute for Health and Welfare, Tampere. THL Finland.

（セイックラ，J．アーンキル，T．E．斎藤 環（監訳）（2019）．開かれた対話と未来――今この瞬間に他者を思いやる――　医学書院）

Trevarthen, C.（1990）．Signs before speech. In T.A. Sebeok & J. Umiker-Sebeok（Eds.）, *The Semiotic Web*. Amsterdam: Mouton de Gruyter.

Wallin, D. J.（2007）．*Attachment in Psychotherapy*. NY：Guilford Press.

（ウォーリン，D．J．津島 豊美（訳）（2011）．愛着と精神療法　星和書店）

横道　誠（2021）．みんな水の中――「発達障害」自助グループの文学研究者はどんな世界に棲んでいるか――　医学書院

第5章

CRAFTを応用した発達障害がある（疑われる）ひきこもり青年への家族支援

境　泉洋

1 CRAFTとは

CRAFTとは，コミュニティ強化と家族訓練（Community Reinforcement and Family Training）の略称です。CRAFTプログラムは，受療を拒否する物質乱用者の家族などの重要な関係者を対象とした介入プログラムです。Roozen, de Waart & van der Kroft（2010）のメタ分析によって，受療を拒否する物質乱用者の治療参加率に関して高い効果を示すことが報告されています。CRAFTプログラムは，認知行動療法の技法に位置づけられますが，家族を介して受療を拒否している人たちの受療意欲を高めるノウハウが構築されているところに特徴があります。

ひきこもり状態にある人（以下，本人）の中には，相談意欲が低くなっている事例が多いためCRAFTプログラムを活用する意義は十分にあります（境・野中，2013）。CRAFTをひきこもり本人の家族支援に応用する試みに関しても，野中・境（2015）のメタ分析によって，ひきこもり本人の社会参加や治療参加率において効果を示すことが報告されています。発達障害がある（疑われる）事例への適応も山本・室橋（2014）や平生・稲葉・井澤（2018）によって行われています。これらの知見を踏まえて，CRAFTを応用したひきこもりの家族支援について解説するとともに，発達障害がある（疑われる）場合の工夫について解説していきます。

｜２｜CRAFT を応用したひきこもりの家族支援

CRAFT を応用したひきこもりの家族支援として，図5-1（境，2021）のような STEP による使い分け方が提唱されています。本章では図5-1 の流れに沿って家族支援のプロセスを解説していきます。具体的な手続き等については境（2021）も参照してください。

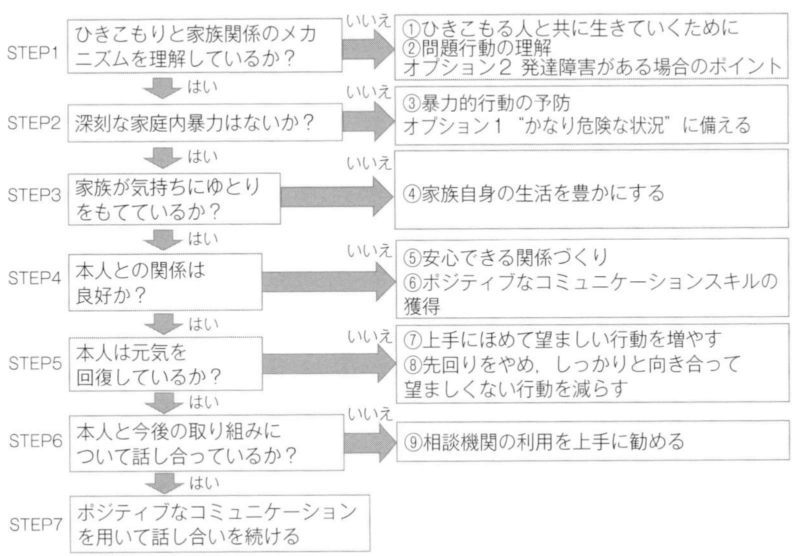

図5-1　今後の取り組みについて話し合えるようになるまでの過程（境，2021）を一部改訂

STEP１：ひきこもりと家族関係のメカニズムを理解しているか？

STEP１では，ひきこもりの家族関係の理解と CRAFT の概要を扱っています。CRAFT は行動論的家族支援に位置づけられます。そのため，ひきこもりを行動論的にどのように理解するかが，CRAFT を応用した支援を行う上で重要です。ひきこもり事例のほとんどでは，家族からの相談が主となるためひきこもりの心理的メカニズムを理解する上では，家族の心理についても理解する必要があります。

①慢性期に至る家族関係

慢性期に至るまでのひきこもりの家族関係には主に二つあります。一つは過保護タイプ，もう一つは叱咤激励タイプです。

過保護タイプでは，登校や外出，社会参加への刺激を与えてはいけないという誤った理解から待つタイプと，ひきこもりは成長の一過程でそのうち自分で解決するだろうと任せるタイプがあります。いずれにしても，過保護タイプにおいては，ひきこもりから抜け出すきっかけがない限り，何も変化が起こらないため，家族の待つや任せるという行動は弱化されることになります。

叱咤激励タイプの家族は，焦りや不安から家族の意見を一方的に押しつけ，一刻も早く外に出て自立することを求めます。しかし，そのようなやり方に本人から反発されることで，家族の叱咤激励は弱化されることになります。

慢性期に至る家族においては，過保護と叱咤激励という関わり方が入れ替わりながら出現します。多くの場合は，最初に過保護タイプの関わりが先行しますが，状況が改善しないことによって叱咤激励タイプに移行します。そして，叱咤激励に対する反発を受けて，再度，過保護タイプに移行します。状況が改善しない限り，過保護タイプと叱咤激励タイプが入れ替わりながら出現することとなります。何回繰り返されるかにかかわらず，結果としてどちらの方法もうまくいかず慢性期に至ってしまいます。

②ひきこもりの慢性期

慢性期の家族関係は，あきらめ，放任といった家族が本人に対して働きかけを行わない，そっとしておくという状態に落ち着いていきます。そっとしておくという状態は，何も起こらないという結果によって強化されてしまいます。慢性化したひきこもりにおいては，家族が何もしないから，本人に何も起こらないという状態を長期にわたって継続しています。

③家族関係の回復

図5-2（境・野中，2013）に示すように，人間関係のパターンは「やさしさ」と「きびしさ」という概念で分けることができます。「やさしさ」と「きびしさ」は，対極となる関わり方ではありません。やさしくて，きびしい関わり方というも

のがあるように,「やさしさ」と「きびしさ」は同時に兼ね備えることができます。CRAFTでは，図5-2の右上にある「ポジティブなコミュニケーション」を目指します。「ポジティブなコミュニケーション」とは，「やさしさ」と「きびしさ」がバランスよく使い分けられた，メリハリのあるコミュニケーションを意味します。

先述したように慢性化したひきこもりにおいては，家族関係は「あきらめ」の状態に陥ることが多くあります。このプロセスは，図5-2の下半分に示されています。この「あきらめ」の境地から「ポジティブなコミュニケーション」に至るには，まず,「受容，共感」から始めることが有効です。本人に「受容，共感」を示すことで，信頼関係を回復し，心を開いてもらい，「惹きつける」ことがまずは重要です。そして，十分な「受容，共感」によって信頼関係を回復したうえで，必要最小限の「叱咤激励」を行うことが効果的です。信頼関係ができているときの必要最小限の「叱咤激励」は，本人にも受け入れられやすく，背中を後押しする効果があります。

このように,家族関係の回復では,「やさしさ」の後に必要最小限の「きびしさ」を示すという順番が重要です。この順番に沿って関わることができるような気持ちのゆとり，知識，技術を身につけることがCRAFTの目的となります。

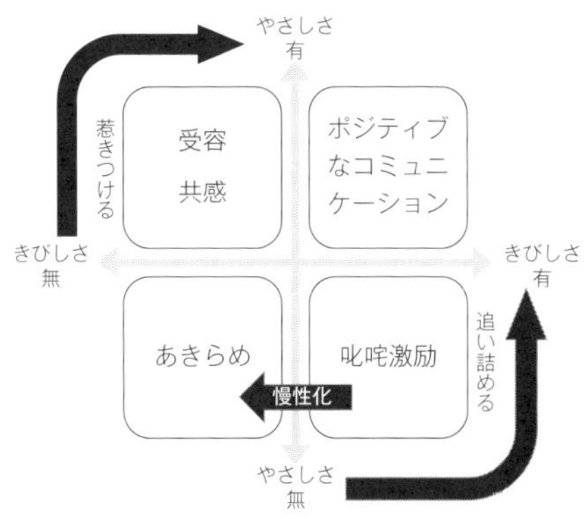

図5-2　家族関係の回復過程（境・野中，2013）

◎発達障害特性に応じた工夫（平生，2021）

STEP 1 のオプションとして「発達障害がある場合のポイント」があります。このオプションには，CRAFT を発達障害がある（疑われる）事例に適応する際の工夫がまとめられています。本稿では，各ステップごとに発達障害がある場合のポイントについて紹介します。

STEP 1 に関しては，CRAFT導入時の工夫が記述されています。CRAFT を開始する初回にあたっては，ひきこもりの背景要因として発達障害がどのように関わっているのかを説明する，発達障害特性を背景とするひきこもり家族支援においても CRAFT によるエビデンスが蓄積されてきていることを伝える，CRAFT全体を通して「特性理解の視点」を持つことが有用であることを伝えるという 3 つのポイントが示されています。

STEP 2：深刻な家庭内暴力はないか？

STEP 2 では，本人に深刻な家庭内暴力がないかを確認します。家庭内暴力の深刻度は，その程度，頻度から判断するのが効果的です。頻繁に治療が必要なほどの怪我を家族が負うなど，程度と頻度が深刻であると判断される場合，家庭内暴力への対応を優先して実施する必要があります。また，過去に家庭内暴力があり，現在はある程度収まっているものの，家庭内暴力の危険性が排除できない場合も，家庭内暴力の予防を行っておく必要があります。

家庭内暴力の予防においては，家族の安全を最優先することが基本となります。具体的な手順としては，本人の暴力の兆候となる「赤信号」を特定し，赤信号が見られたらそれ以上刺激せず，本人と距離をとることに徹します。「赤信号」の具体例としては，本人の目つきが変わるなどがよく報告されています。家庭内では暴力を回避できず家庭外に避難する必要がある場合，事前に避難する場所を決めて，本人には秘密裡に準備しておくようにします。

この STEP には，オプション 1 として「“かなり危険な状況”に備える」（山本，2021）という内容が含まれています。かなり危険な状況としては，暴力的行動だけではなく，自傷行為や自殺をほのめかす言動などが想定されています。オプション 1 では，かなり危険な状況を本人，家族，地域の社会資源の観点から整理することから始めます。整理をする中で，かなり危険な状況が生起，維持される要因について検証を行います。そのうえで，かなり危険な状況に備えるための「いざというとき計画」を立てていきます。「いざというとき計画」を立てる際には，医療，警察，役所といった関係機関でできることと・できないことを踏まえて，安全で実行可能な計画を立てることが重要となります。具体的には，以下のような手順で「いざというとき計画」を立てていきます。

①いざというとき，を特定する

本人のどのような行動が，どのような状況で，どれくらいの強さ（深刻さ）で，どれくらいの期間続き，どのようにしたら収まったか，また，それに医療・警察・役所などが関与しているのかを特定していきます。

②計画を立てる

①の状況に対して今後どのように対応したらよいか，支援者とともに計画を立てます。計画は，家族が実現可能で，家族のコントロール下にあり，家族がそれを行うスキルをすでに身につけている必要があります。また計画の書き方は，全体的に，簡潔で，具体的で，測定可能である必要があります。どんな状況で，家族は何をし，そのときどの支援者が何をしてくれるのか，危機介入後に想定されることや，さらに必要な支援を，１枚で見渡せるようにしておきます。この計画は実現可能である必要があるため，計画を一緒に作成している支援者と，ここに出てくる機関とで，打ち合わせを充分に行っておく必要があります。

③計画のシミュレーションを何度もする

「いざというとき計画」が本当に実行できそうか，また，実行することでリスクや考えられる障害はないか，多角的に検討しておくことが必要です。多角的に検討する中で出てきた新たな課題や，必要なスモールステップや準備を計画に書き足していきます。また，関係機関の職員が異動することがありますので，少なくとも年に数回は関係者間で「いざというとき計画」を確認し，シミュレーションしておく必要があります。

◎**発達障害特性に応じた工夫**（平生，2021）

発達障害特性のある場合，いじめなど過去の不快な事象が原因でフラッシュバックがあると家庭内暴力のリスクが高まるため慎重な対策が必要とされています。問題行動への対応においても，TEACCHプログラムの氷山モデル（田川，2002）の視点を加え，その上で機能分析を進め具体的な対応方法を検討するといった工夫が挙げられています。氷山モデルとは，問題行動は水面上に出ている氷山の一角でしかないため，元となる本人の特性を捉えて支援を行う考え方です。

STEP３：家族が気持ちにゆとりをもてているか？

家族が気持ちにゆとりをもてていない場合，CRAFT の「家族自身の生活を豊かにする」というパートを実施する必要があります。このパートで大事なのは，家族自身が気持ちにゆとりを取り戻し，家族が持っている本来の力を発揮できるようになることです。

このパートでは，家族自身の生活の満足度を確認します。生活の満足度を仕事，家計，趣味，家族関係，友人関係，生活全般といった領域ごとに 10点満点で評価します。ここで大事になるのが，家族自身がどの程度満足しているのかを強く意識することです。本人のことは脇において考えることが重要です。

この評価が終わったら，次に，どの領域の満足度を高くしたいかを考えます。この作業を上手に実施するコツは 10点満点で４～６点がついた領域から取り組むことです。４～６点のついた領域は比較的変化を起こしやすいため，効果を実感しやすくなります。また，この作業で最も重要なことは，「その領域に取り組まなければいけない」という義務感を捨てるということです。ここで意識すべきは，「家族のわくわく感」です。つまり，本人のことは一旦忘れて，家族がわくわくする時間を増やしていくことが真の目的です。

家族がわくわくしながら取り組める領域が決まったら，その領域での満足度を少し高められる方法について考えていきます。この時も，家族が今日からできる手軽な方法から，いずれはやってみたいという夢に至るまで，家族が元気になるためのたくさんの方法を見つけて，実践していきます。

◎**発達障害特性に応じた工夫**（平生，2021）

発達障害特性とひきこもりという２つの問題を抱える家族にとって，安心して話せる場所や話せる相手というのは少ないのが現状です。発達障害のある方と暮らす家族のグループ支援（例えば，親の会）など，同じ境遇である家族との出会いを促進するのも家族の生活の質を高める工夫になります。

STEP４：本人との関係は良好か？

家族と本人の信頼関係の構築が家族支援の前提となります。信頼関係が構築できていれば，家族が褒めることが本人にとって正の強化となりますが，信頼関係が構築できていないと正の弱化になってしまいます。このように信頼関係ができていないと家族支援の奏効が難しくなります。

信頼関係が崩れるプロセスは，図5-3 に示したようにレスポンデント条件づけの応用で説明できます。例えば，本人にとって，仕事の話は最も警戒すべき話題です。この関係は，レスポンデント条件づけの無条件刺激と無条件反応の関係に近いものがあります。仕事の話を本人が最も避けているのに対して，家族は仕事の話を最もしたいと考えています。そのため，家族は本人と遭遇するたびに，仕事の話をしようとします。このやりとりは，条件刺激である家族と無条件刺激である仕事の話を対提示している手続きと同様といえます。こうしたやりとりによって，家族に対する警戒心が条件づけられることになります。

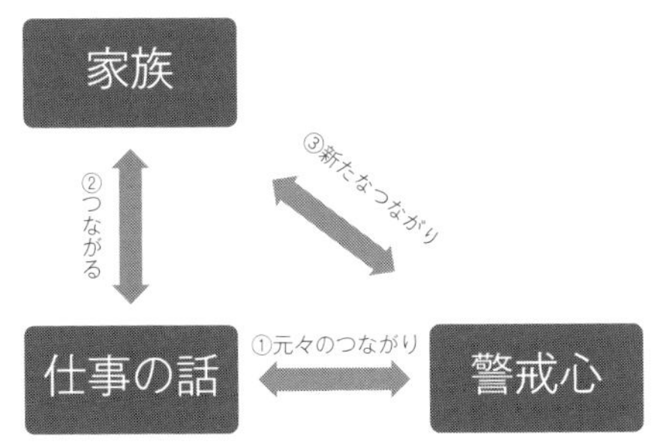

図5-3　警戒心を生むメカニズム（境，2021）

その結果，信頼関係が崩れ，家族支援が奏効しない素地を作っていきます。

信頼関係が崩れている場合，消去や上書きを行うことが効果的です。具体的には，二つのことを行うことになります。一つ目は，しばらくの間は，本人が警戒する話題を取り上げないようにすることです。これは家族が仕事の話をしばらくやめることで，家族に対する警戒心を徐々に弱める消去をしていることになります。本人が警戒する代表的な話題としては，仕事や将来の話があります。こうした話題は，いずれは本人と家族が向き合わなければいけない話題ですが，STEP 6 で解説するようなタイミングに合わせて取り上げるのが効果的です。

二つ目は，本人が安心できるような関わり方を積極的に行うようにすることです。本人が安心できることを家族がすることで，家族に対する安心感が条件づけられることになります。家族に安心感が条件づけられることによって，家族に対する警戒心を弱めるという，上書きがなされていることになります。

この STEP 4 を行うときに家族が陥る典型的な誤りがあります。それは，本人が安心することをすることと本人が警戒することをしないことが同じであると誤解してしまうことです。警戒することをしないことでしか本人を安心させられないという考え方は，無関与段階に通じるものです。こうした思いから，家族が本人との接触を減らしてしまうことは，家族支援において最も危惧すべき状況です。従って，本人が安心できることをする意識を家族に十分理解してもらう必要があります。

STEP 4 では，具体的な関わりとしてポジティブなコミュニケーションも学んでいきます。「ポジティブなコミュニケーション」には次ページから示すような 8 つのポイント（境・野中，2013）があります。この 8 つのポイントは，大きく二つのパートに分けることができます。一つ目のパートは，①～⑥のポイントです。この①～⑥を十分に実践し，本人に受容，共感を示すことで，本人を惹きつけることができるようになります。二つ目のパートは，⑦と⑧のポイントです。①～⑥を十分に行い，本人の守りが解け，聞く耳を持った時に，必要最小限の自省を促すことが効果的です。自省を促した際に，本人だけでは解決できないために，本人が行き詰まった様子を示すことがあります。この時に，家族から本人に援助を提案すると，その援助を受け入れる可能性が高くなります。

①**短く**：長い話は，相手の聞こうとする気持ちを削いでしまいます。短く話すというのは，相手の様子を見て話してよさそうな内容を取捨選択し，簡潔に伝えることで，相手の話をしっかり聞くことに意識を向けることです。

②**肯定的に**：相手の発言に肯定的に反応することが重要です。非難するようなトーンで話すと，相手を守りに入らせたり口論になったりしてしまいます。相手の発言に肯定的に反応することで，相手は自分の本音を話しやすくなります。

③**特定の行動に注意を向ける**：行動の変化は，思考や感情の変化よりも見つけやすく，評価しやすいので，行動に注意を向けることが重要です。また，褒める時も，叱る時も，具体的にどの行動について言及しているのかを明確にする必要があります。行動を明確にしない褒め方では，次にどの行動をしたら褒められるのかがわからないままになります。また，行動を明確にしない叱り方は，人格否定になってしまいかねません。

④**自分の感情の「名前」を明確にする**：家族がどんな感情を抱いているかを家族自身が自覚していることが重要です。例えば，家族自身が怒りの感情に気づいていないと，無自覚に相手につらく当たってしまいます。そのため，自分の感情のありのままを自覚することが重要です。自身の感情を伝えるかはお子さんの状況を踏まえたうえで判断しなければいけませんが，自身の感情を自覚し，それを言葉で伝えることは家族の気持ちを本人に理解してもらう上で有効です。

⑤**部分的に責任を受け入れる**：部分的に責任を受け入れることで，単にひきこもっている人を非難したいのではなく，家族が自身の役割をよく考えようとしているのだということを，相手に示すことになります。こういった部分的な責任を受け入れるメッセージを最初に伝えることは，本人を守りの姿勢に入りにくくさせます。

⑥**思いやりのある発言をする**：問題となっていることを本人の観点から理解し，家族が共感を示せば相手が守りに入りにくく，話を聞き入れやすくなります。

⑦**自省を促す**：問題行動によって，本人が短期的にメリットを得ているという点に共感的理解を示した上で，長期的に生じうるデメリットについて伝えることで，本人の自省を促すことができます。ここで大事なのは，伝える順番

です。短期的にメリットを得ていることに共感を示すことで相手の守りを解き，そのあとで，長期的に起こりうる本人が同意できるデメリットを必要最小限伝えることが効果的です。

⑧**援助を申し出る**：自省を促した時に本人が行き詰まったような様子を示した時，非難せず，協力的な支援を申し出ることで，相手は援助の申し出を受け入れやすくなります。本人が行き詰まったような様子を示した時には，本人が言ったことにポジティブなコミュニケーションを使って応答していきます。

◎**発達障害特性に応じた工夫**（平生，2021）

発達障害の中でも特にASD特性のある方の場合は，ポジティブなコミュニケーションスキルの中で「自省を促す」のは難しいため，代わりに「私は～」のＩメッセージを加えることが推奨されています。

また，ポジティブなコミュニケーションスキル以外の関わり方の工夫として，「心の理論」の視点を加える，手紙やメモ作成時にはソーシャルストーリー™（Gray，2004 服巻訳 2006）の視点を活用する，受け身タイプの方の場合は自己選択を促す必要性が示されています。

STEP５：本人は元気を回復しているか？

本人の活動性を回復するために，本人の望ましい行動を増やす関わりを家族が実践するようにします。そのために，まずは望ましい行動を見つける練習を行います。望ましい行動を見つけるのは家族にとっては容易ではありません。なぜなら，家族は本人の現状が受け入れられず，本人のできないところに注目しがちだからです。したがって，望ましい行動を見つける際には，本人の現状をまずは受け入れることが重要となります。家族が望ましい行動が見つけられたら，なぜ本人が望ましい行動を行うのかを家族が理解するための機能分析を行います。この機能分析では，以下の４つのポイントについて分析していきます。

⑴外的先行条件

外的先行条件については，「どんな状況でやったのか？」という問いかけを行います。より詳細には，いつ，どこで，誰と，何をしているときに，望ましい行動をしていたのかを尋ねます。こうした問いかけを行うことで，望ましい行動が生起する外的先行条件を明確にすることができます。

⑵内的先行条件

内的先行条件については，「どんな気持ちでやったのか？」という問いかけを行います。内的先行条件を考える際，感情や思考など，本人の主観的体験を推測することになります。推測であるため，様々な可能性が考えられるわけですが，そうした様々な観点からの検討が本人理解につながります。こうした問いかけを行うことで，望ましい行動を行う前の本人の気持ちについて考え，受容，共感を深める素地を形成することができます。

⑶短期的結果

短期的結果については，「どんなデメリットがあったか？」という問いかけを行います。この問いかけには，最初に起こった結果を明確にすると同時に，本人が望ましい行動を行う上での障害を明確にするという意図があります。本人が望ましい行動をしたときに，それを阻害するような関わりをしていることが往々にしてあるからです。

⑷長期的結果

長期的結果については，「どんなメリットがあるか？」という問いかけを行います。この問いかけには，後から起こった結果を明確にすると同時に，本人がその行動を行ったときに，どんな関わりをすれば本人は褒められたと思えるかを明確にする意図があります。そのため，メリットといっても，本人が同意するメリットを明確にする必要があります。

このような望ましい行動の機能分析を踏まえて，以下のような対応を実行していきます。

⑴望ましい行動が生起しやすい状況を再現する

望ましい行動が生起しやすい状況を再現するには，外的先行条件について検討した際に得られた情報を活用していくことが有効です。例えば，兄弟が夕食にいるときは一緒にご飯を食べるということがわかった場合，兄弟が一緒に夕食をとれる時間に夕食をとるようにすると，本人が一緒に夕食を食べるという望ましい行動が生じやすくなります。

⑵望ましい行動の後に生じる障害を減らす

本人の望ましい行動が継続しない場合，家族のネガティブな対応が障害となっていることがあります。例えば，本人が話しかけてきた際に，すぐに仕事の話をしてしまった場合，本人が家族に話しかけるという望ましい行動に対して，家族がネガティブな対応をしていることになります。短期的結果の分析において，家族がネガティブな対応をしている場合は，それを控える必要があります。

⑶望ましい行動の後にポジティブな関わりを増やす

本人の望ましい行動を増やすために，ポジティブな対応をするようにします。例えば，本人が家族に話しかけてきた場合であれば，受容・共感的に話を聞くことがポジティブな対応になります。ポジティブな対応とは，長期的結果の分析で明らかになった，本人にとってのメリットを家族が提供することを意味します。ポジティブな対応をするためには，内的先行条件で得られた情報も有用です。感情や思考など，本人の主観的体験を踏まえた関わりをすることによって，本人が安心して望ましい行動を行うことができるようになります。

STEP 5 では，望ましくない行動を減らす関わりも実践していきます。望ましくない行動を減らすには，最初に望ましくない行動を特定し，なぜ本人が望ましくない行動を行うのかを家族が理解するための機能分析を行い，機能分析を踏まえた対応を実践していくことになります。望ましい行動の機能分析との違いは，以下の２点です。

⑴短期的結果

短期的結果では，望ましくない行動を維持させているメリットを明確にします。望ましくない行動には，デメリットも存在しているように思えるかもしれませんが，それは往々にしてメリットよりも後に起こっています。本人が望ましくない行動を続けるメリットを分析していきます。

⑵長期的結果

長期的結果では，望ましくない行動の結末として起こるデメリットを明確にします。デメリットの中でも，本人が同意できるデメリットを見つけます。望ましくない行動の長期的結果として生じる，本人も同意するデメリットについて話し合うことで，本人の自省を促すことができます。

機能分析を実施した上で，以下のような対応を行います。

⑴望ましくない行動が起こりにくい状況を作る

外的先行条件の分析から，望ましくない行動が生じやすい条件が明確になります。こうした情報を活用すれば，望ましくない行動が起こりやすい状況を未然に防ぐことが可能となります。望ましくない行動への最も効果的な対応方法は，望ましくない行動が起こりやすい状況を未然に防ぐことです。

未然に防ぐことができず，望ましくない行動が起こった場合は，外的先行条件の分析から家族が部分的に責任を受け入れられる余地がないか検討します。望ましくない行動が起こりやすい状況づくりに家族が荷担していることが少なくありません。例えば，本人が怒るような言い方をしてしまう場合などです。こうした場合，本人が望ましくない行動をするような状況を作ってしまった点について部分的に責任を受け入れるのが良いです。ただ，本人が望ましくない行動をしたすべての責任を受け入れる必要はありません。あくまで，部分的に責任を受け入れれば良いのです。

⑵望ましくない行動を行わざるを得ない，本人の気持ちに共感を示す

内的先行条件の分析から，本人が望ましくない行動を行うに至った気持ちに理解を示すことで，本人との対立を避けることができます。理解を示す方法としては，内的先行条件の分析でわかったことを言葉にするのが効果的です。例えば，イライラして暴言を吐いてしまったと判断された場合，「イライラしてたんだね」といった言葉かけを行うようにします。

⑶望ましくない行動の後に生じる本人にとってのメリットを減らすために家族が実行可能な方法を練習する

短期的結果の分析から，本人が望ましくない行動を行うことで得られているメリットを明らかにし，その中でも家族が操作可能なメリットを減らす工夫をします。例えば，暴言を吐くと家族が何でも言うことを聞いていた場合であれば，暴言を吐かれたときに，その場を離れるなどして，本人の言いなりにならないようにすることなどが考えられます。

⑷望ましくない行動によって生じるデメリットについて言及することで本人の自省を促す

長期的結果の分析から明らかにされた，本人が納得できるデメリットについて気づきを促すことが効果的です。ただ，気づきを促すときには，本人が感情的な状況では難しいです。本人が防衛的にならずにいられるように，部分的な責任を受け入れたり，望ましくない行動を行う気持ちに理解を示したりし，本人が冷静になった状況で自省を促し，本人が納得するデメリットについて気づいてもらうような話し合いを行っていきます。

◎**発達障害特性に応じた工夫**（平生，2021）

望ましい行動を増やす際の工夫として，強化子の選定が挙げられています。強化子について詳しい情報を得ることは支援者にとってとても有益です。強化子になりうる情報を熟知しておくとともに，本人の強化子に関心を示すことや，詳しいことを教えてもらうという姿勢で関わると関係性が好転する場合があります。

また，褒め言葉が強化にならない点への工夫も挙げられています。発達障害特性がある場合，家族の褒める行動が逆に本人にとって不快な体験となる場合があります。例えば，本人のハードルが非常に高く設定されている場合，日常の小さな出来事で褒められても本人にとっては納得がいかないことがあるため，本人を褒めるというより，家族から「ありがとう」などのお礼を言うなどの工夫が考えられます。

望ましくない行動を減らす際には，問題行動を助長させる家族の行動（イネーブリング）を止めると暴力のリスクが高まることがあります。そのため，イネーブリングは段階的に減らす作戦を支援者と一緒に考え，イネーブリングを止めた場合にどのような反応が返ってくるのかをシミュレーションしておく必要があります。

STEP６：本人と今後の取り組みについて話し合っているか？

今後の取り組みについて話し合うというのは，本人と家族が今後どのように共に生活していきたいかを話し合うことです。このテーマが STEP 6 になっているのは，家族にとって最も難しい話題であり，話し合うには十分な準備が必要だからです。STEP 5 までで行ってきたことは，このステップのための準備であるといっても過言ではありません。こうした話し合いにおいては，相談機関の利用を勧めるということが大きなテーマになります。相談機関の利用を勧めるには，以下のようなタイミングが見られたときに，本人に相談を提案するのがよいとされています（Smith & Meyers, 2007 境・原井・杉山監訳 2012）。

⑴本人が動揺しているとき

例えば，本人が家族に怪我をさせたり，借金をしたりするなど重大な問題を起こして後悔しているときがあります。また，本人が自身の問題について，予想していなかった意見を聞いて動揺しているときが例として挙げられます。

⑵家族の変化に本人が気づいたとき

この例としては，家族が相談していることを本人から尋ねられたときや，家族の行動が変化した理由を本人から尋ねられたときなどが挙げられます。

上記が本人に相談機関の利用を提案する絶好の機会であることを家族が理解した上で，以下のような相談を促す際のポイントを実践していきます。

⑴本人が相談機関の利用に同意したときは即座に動く

相談機関の利用を拒んでいる本人が，相談機関の利用に同意した場合，最も重要なのはすぐに相談機関につなぐことであるとされています。相談機関につなぐとは，相談に行くこと以外にも，予約を取る，相談機関を見学しに行くなどがあります。いずれにしても，すぐに相談機関につなぐには，つなげられる相談機関を事前に調べておくのが効果的です。

⑵軽く誘っても本人が同意しない場合は，次のタイミングをうかがう

即座に動くというと，家族は一度で同意を得なければいけないと誤解してしまいます。同意したら即座に相談機関につなげるのが効果的ですが，軽く誘っても相談機関の利用に同意しない場合は，次のチャンスを待つようにした方が良いです。執拗に勧めると，さらに警戒心を強めてしまうからです。

｜ 3 ｜発達障害がある（疑われる）事例における実施順番に関するポイント

CRAFT を応用したひきこもりの家族支援を発達障害がある（疑われる）事例に実施する際，いくつかのポイントがあるとされています（山本，2015；平生，2021）。発達障害がある（疑われる）事例においては，STEP 5 の本人を元気にする，STEP 2 の家庭内暴力の予防，STEP 3 の家族自身の生活を豊かにする，そして付加的にオプション 1 の家庭内暴力への介入の方法，発達障害特性の理解とその社会資源の利用の仕方が支援の土台部分であり，セッション中のいかなるときも適宜用いられます。特に発達障害特性の理解とその社会資源の利用で，親の会やペアレントメンターを利用することは有効です。全経過を通じて家庭内暴力などの反社会的行動のリスクが高い場合は，プログラムを中断して危機介入を行う必要があります。

家庭内暴力などのリスクが少なく，家族とのコミュニケーションがある程度保たれている場合，コミュニケーションスキルの獲得，本人を社会資源につなげることを家族支援の初期段階で計画します。ただし，本人とコミュニケーションをとる際は，実施する際の留意点に充分配慮する必要があります。自閉症スペクトラム（以下，ASD）の場合，環境とのミスマッチに苦慮してひきこもりになっている場合が多く，情報提供により相談場面に来てくれるようになる本人は多いとされています（山本・室橋，2014）。

以上までの関わりで変化が望めなさそうな場合，本人を元気にする，望ましくない行動を減らすといった対応を計画していきます。ASD特性が本人にある場合，望ましい行動と望ましくない行動の学習が正確にされていない場合や，何が望ましいかの価値観が世間一般と異なる場合があり，そうした場合は，まず世間一般の必要最低限の価値観を学ぶ機会を計画することとなります。

このように，発達障害がある（疑われる）場合は，CRAFT の取り組む順番を変更することが有効とされています。しかし，それぞれのパートのやり方は，発達障害がある（疑われる）場合であっても，基本的には同じで良いところが，行動療法をベースとした CRAFT の強みであると言えます。

｜４｜まとめ

本稿では，発達障害がある（疑われる）事例へ CRAFT を適応する際の工夫について解説しました。ひきこもりと発達障害の関連は強いため，発達障害があることを前提とした家族支援が必要となる場合が少なくありません。家族支援では発達障害の有無にかかわらず，家族全員が安定して生活できる状態をまずは目指すことになります。その上で，本人の活動性の回復と今後のことについて話し合うことができれば，家族支援の目的はおおむね達成したと言っても良いでしょう。

文献

Gray, C. (2004). Social stories (TM) 10.0. *Jenison Autism Journal*, *15(4)*, 2-21.

Gray, C. (2004). Social stories™10.0. The New Defining Criteria & Guidelines *Jenison Public Schools.*
(グレイ，C. A. 服巻 智子（訳）(2006). お母さんと先生が書くソーシャルストーリー™――新しい判定基準とガイドライン――　クリエイツかもがわ)

平生 尚之・稲葉 綾乃・井澤 信三（2018). 自閉症スペクトラム障害特性を背景とするひきこもり状態にある人の家族支援――発達障害者支援センターにおけるCRAFT適用の検討――　認知行動療法研究，*44*(3)，147-158.

平生 尚之（2021). オプション２支援者向け「発達障害がある場合のポイント」 境泉洋（編著） 改訂第２版　CRAFT　ひきこもりの家族支援ワークブック――共に生きるために家族ができること――　金剛出版　pp.229-245.

野中 俊介・境 泉洋（2015). Community Reinforcement and Family Training の効果――メタ分析を用いた検討――　行動療法研究，*41*(3)，179-191.

Roozen, H. G., de Waart, R., & van der Kroft, P. (2010). Community reinforcement and family training: An effective option to engage treatment-resistant substance-abusing individuals in treatment. *Addiction*, *105*, 1729-1738.

境 泉洋・野中 俊介（2013）．CRAFT　ひきこもりの家族支援ワークブック――若者がやる気になるために家族ができること――　金剛出版
境 泉洋（編著）（2021）．改訂第２版　CRAFT　ひきこもりの家族支援ワークブック――共に生きるために家族ができること――　金剛出版
Smith, J. E. & Meyers, R. J. (2007). *Motivating Substance Abusers to Enter Treatment : Working with Family Members*. The Guilford Press.（スミス, J. E., メイヤーズ, R. J., 境 泉洋・原井 宏明・杉山 雅彦（監訳）(2012). CRAFT依存症患者への治療動機づけ――家族と治療者のためのプログラムとマニュアル――　金剛出版）
田川 元康（2002）．自閉症の障害特性と支援のあり方――TEACCH に学ぶ――　児童学研究，*32*，37-45
山本 彩（2015）．思春期以降の自閉スペクトラム症（ASD）に対する Community Reinforcement and Family Training（CRAFT）　行動療法研究，*41*(3), 193-203.
山本 彩（2021）．オプション１ご家族向け「"かなり危険な状況" に備える」　境 泉洋（編著）　改訂第２版　CRAFT　ひきこもりの家族支援ワークブック――共に生きるために家族ができること――　金剛出版　pp.209-228.
山本 彩・室橋 春光（2014）．自閉症スペクトラム障害特性が背景にある（または疑われる）社会的ひきこもりへの CRAFT を応用した介入プログラム――プログラムの紹介と実施後30例の後方視的調査――　児童青年精神医学とその近接領域，*55*(3)，280-294.

第6章

発達障害があるひきこもり青年への制度的な支援

山﨑 順子

1 はじめに

発達障害がある人の中には，社会とのつながりが薄れ，社会的に孤立した生活に陥っている人がいます。厚生労働省科学研究では，16～37歳のひきこもり状態の人の約32％の人が発達障害の視点からの取り組みが必要と報告されています。このような社会生活を送るうえで困難のある人について発達障害者支援の文脈，またひきこもり支援等の文脈から制度が創設され，さらにその制度に基づいて様々な事業は組み立てられています。彼らへの支援ではそれらの事業を本人の特性および状態・状況に合わせて組み合わせ活用していくことになります。したがって本人のニーズを充足する方向でどのように適用していくかが課題となります。

また支援の種類や専門職の種類も多岐にわたり，支援を実施している機関や人々と協働・連携しながら進めていくことが必要です。しかし実際の支援では他機関との連携が相互の機関にとって有意義にスムーズに進むとは限らない場合が多々あります。発達障害を持つ本人，家族への支援の難しさとともにこの他機関との協働，連携をいかに図るかも支援者が抱える課題の一つです。制度的支援では，単に制度を適用していくという制度の枠内で支援するのではなく他機関と有機的に協働・連携し，いかに制度を生きたものにしていくのかという支援者のスタンスが大事であると考えます。

支援は支援の入り口である相談から本人の意向に沿いながらひきこもり状態

から社会参加まで，本人の状況に合わせて制度や支援技法を選択し支援を進めていく一連の支援プロセスと考えることができます。

本章では，支援者は制度をいかに活用していくかという視点から，相談から始まる支援プロセスを支える制度について説明していきます。なおひきこもりの発達障害のある人への支援で，社会参加のあり方として就労＝就職だけではないのではないかなど自立（律）のあり様についての議論がありますが，ここでは触れないこととします。

｜２｜ひきこもり支援の諸相

(1) 支援の分野と支援機関

発達障害をもつ青年期のひきこもり支援では，相談支援，医療支援，生活支援，福祉支援，教育支援，就労支援，権利擁護等，様々な分野が関わり，これらの分野が本人や家族を中心において協働・連携し地域で包括的な支援を実施していくことになります（図6-1）。

また各分野の支援の根拠となる法律，制度に基づいて支援機関が定められているので，支援機関にはそれぞれ法，制度で規定された機能があり，その機能を支援として具体化していくのが従事する専門職の役割です。さらに支援には多くの職種が関係し，その専門性を生かして職種間が協働・連携する多職種支援となります。

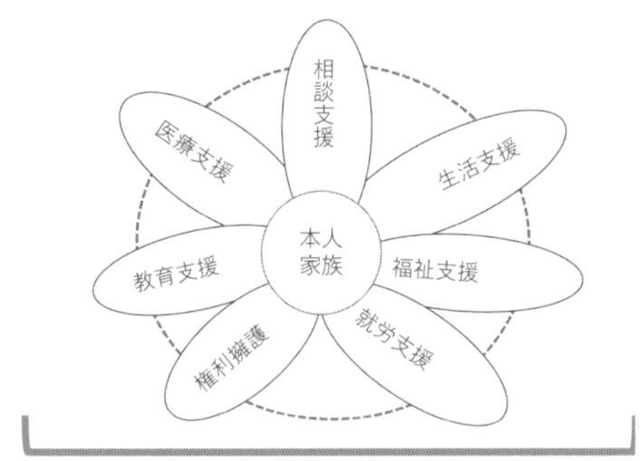

図6-1　支援の分野と連携（厚生労働省資料を一部改変）

(2) 多様な相談の入り口と支援過程

支援の分野が多岐にわたることから相談の入り口も多様となります。医療機関の受診から始まる場合もあれば，発達障害支援機関，ひきこもり支援機関や就労支援機関への相談から支援が始まる場合もあります。大学生など教育機関に属している場合は，大学の相談室への相談から支援が始まります。支援の入り口は，本人や家族の状況，相談の目的によって相談先を選択するので多様となりますが，どこから支援が始まったとしても本人や家族にとって必要な支援機関と協働・連携をしていくことが必要です。

なお，制度的には発達障害者支援では，地域の中核的な相談支援機関である発達障害者支援センター，また各自治体によって発達障害者支援に特化した相談窓口が設置されています。また精神保健福祉センターや保健所などでも支援が行われています。ひきこもり支援ではひきこもり地域支援センター，生活困窮者支援では福祉事務所に自立相談支援窓口が第一次相談窓口として位置づけられています。

ひきこもり支援は，大まかに言えば自宅や自室にひきこもっている状態から外に出て社会とつながるためのプロセス，居場所など社会につながり，コミュニケーションや対人関係について学ぶプロセス，生活リズムを整えるなどの日常生活自立のためのプロセス，社会参加に向けて社会生活自立のためのプロセス，就労支援のプロセス，などの支援の段階があります。それぞれの支援のプロセスでは後に挙げる各段階を支援する機能を有した支援機関が担当することになります。

(3) 本人支援と家族支援

支援では，本人支援と家族支援の両方が実施されています。本人支援は先に記したような支援のプロセスを経ますが，一連の支援を通してエネルギーを蓄え，エンパワーメントし，その人らしく社会の中で生きていく力を身につけていくことを目指しています。発達障害のあるひきこもりの青年は，それまでの学校生活や周囲の人との関係で苦労を重ね，傷つき疲れきっている状態の人が多くみられます。ここでは相談の詳細には触れませんが，発達障害の特性に起因する問題は，本人の文脈と社会の文脈のズレから起きているにもかかわらず，個人の内部の問題として扱われやすい傾向があります。その人の特性が，周囲の人々と関わるときどのようなことが起こるかを想像しながら，ひきこもりの状態に至るまでのストーリーに耳を傾け，発達障害の視点から本人の状態を理解することが必要です。支援は対象者との相互的な関係形成による信頼関係を基盤として行われますが，発達障害のある人への支援ではこの信頼関係の構築が大きな課題となります。本人との相談の中で，支援者が勘違いをしたり，誤った捉え方をしたり，本人が傷ついたような言動をしたときは，なぜそのような言動をとったのか説明するとともに謝り，不信感を拭うことが必要です。また相談から他の支援機関につなぐ際，本人が支援機関につながっていけるような手助けが必要です。発達障害のある本人が，緊張のあまり自分のことをうまく伝えられなかったり，初めて会う支援機関の人の話を理解できないことがあるからです。様々な支援機関があっても本人が自分でうまくつながっていきにくいことがあるので，情報提供するだけでなく間に入って調整することも必要です。

ひきこもりの方の支援に関わる分野では，多くが家族支援を行っています。

ここでは，相談機関での家族支援の一例を紹介します。

親が話しかけても全く反応しない，あるいは何かのきっかけで地雷を踏むと激怒し，暴言，暴力に至り，社会的自立はもとより親子関係もままならない，という相談がよくあります。青年期の方の相談では，中，高校時代から不登校の傾向や生きづらさを抱えた方が多いようです。このようなひきこもりの発達障害の方についての相談は，本人は来所しない場合が多いので家族が支援の対象となり，家族支援を通して間接的に本人を支援していくという構造になります。面談では最初に相談においでいただいたことにお礼を伝えそれまでの家族の苦労をねぎらい，自己紹介によって機関の機能，支援者の役割を説明します。電話予約で聞いている相談の趣旨を確認し，「お子さんについて理解したいので」というように質問の意図を説明します。この過程で家族は支援者が家族の抱えている問題を一緒に考えようとしていることを理解し，一方家族もこの場で子どものことを考えていこうという態度が形成されます。その後現在の状況，これまでの経緯を，家族はそれまでどのように接してきたか，取り組んできたのか，その時の本人の反応，態度はどうだったのか，このように言ったらどう反応するかなど，相互交流の視点より家族とともに子どもについて考えることによって，家族はこれまでの自身の態度を振り返るようになり気づきが始まります。また一方で本人の発達障害の特徴を理解していくことになります。そして家族の話から考えられることとして，子どもの状況について本人の発達障害の特徴を踏まえながら説明していきます。その後具体的にできることを提案します。親子関係に変化がみられるようになった段階で，今後必要となるであろう支援機関について情報提供をしていきます。相談では家族が，何とかなるかもしれない，一緒に考えてくれる人がいる，など家族が相談を通して前向きになれるように支援することが求められます。いずれにせよひきこもりの状態から社会につながり，社会参加するまでは時間を要するので，家族が困ったときにはいつでも安心して相談できる機関であることが相談機関の重要な役割のひとつです。

⑷　協働，連携

制度的支援では，支援機関間の協働，連携が重要な位置を占めています。

支援は相談から始まるので，ここでは制度的に第一次相談窓口と位置づけられている相談窓口での協働，連携づくりにおいて留意しなければならないいくつかのポイントについて説明します。

まず日ごろから地域にある関連する支援機関についての情報を把握することが必要です。地域にあるそれらの機関がどの制度に基づいて設置されているか，規模，機能，職種，支援の具体的な内容などは当事者を他の支援につなぐ際必要な情報です。あらかじめ情報収集することを含めて相談機能といえます。

次に当事者をつなぐ際，その支援機関を紹介する理由，機能などを丁寧に説明し，さらに必要な場合は先に記したようにつながる手伝いが必要な場合もあります。また当事者からの発信だけでは当事者の困り感や生きづらさが伝わらないと考えられるときは，当事者の了解を得て電話や紙面にて当事者についての情報を伝える必要もあります。発達障害のある方は，特につながるというところに困難があるので本人が初めて支援機関に行ったときの様子を想像した注意深い対応が必要です。

機関連携の場合は，当事者の了解を得て当事者に関する情報とともに，その機関につなげる理由や目的を明確に伝えることが重要です。地域で包括的支援をしていく際は，その人の支援に関わる支援会議あるいはネットワーク会議

（ネットワーク会議は地域で支援のネットワークの構築・情報交換を目的としたネットワーク会議もあるが，この場合は個人のための会議を指す）が持たれます。目標・課題の共有化，支援機関相互の機能およびその「強さ」と「弱さ」を認識し，それぞれの役割を明確にし，お互いの組織での立場などを理解しチームとして取り組むことが必要です。

また横の連携とともに年齢階層で途切れることなく継続した支援を行う縦の連携も重要です。ひきこもりの発達障害を持つ青年では，中・高校時代から不登校など課題を有していた人が多く，教育機関等との縦の連携が必要です。

｜ 3 ｜発達障害者支援施策

ひきこもりの人や家族への支援は，従来から精神保健分野，児童福祉分野，ニート対策において様々に取り組まれてきました。さらに今日では，ひきこもりの発達障害のある人への支援では発達障害者支援法に基づく支援制度や，またひきこもりの人への支援に特化した制度として「ひきこもり支援事業」，生活困窮者の暮らしのセーフティネットに関連するものとして「生活困窮者自立支援制度」，および社会生活を円滑に営む上で困難がある子どもや若者を支援することを目的とした「子ども・若者育成支援法」，その他に若者の社会参加に関わる事業（例：地域若者サポートステーション事業，若者社会参加応援事業）などがあります。また障害者を対象とした支援施策では，障害者総合支援法に定められている，相談支援，生活支援および就労支援[注1]に関連する制度があります。このように発達障害のひきこもり支援に関する制度は多々あり，したがってひきこもり支援の入り口は多様で，どこから入ってもよいが，あくまで本人や家族を中心においてその人に必要な支援につながっていくことが求められます。

注1：その他に障害者雇用促進法の中にも利用できる制度はありますが，ここでは取り上げないこととします。

(1) 発達障害者支援法での支援

従来，高機能自閉症やアスペルガー症候群などの障害は，社会生活や就労に困難を抱えているにもかかわらず，知的障害を伴わないという理由で福祉的対応がなされてこなかったため，新たな取り組みが必要であるとされました。また教育の分野でも2002年の文部科学省の調査において通常級に在籍する発達障害の可能性がある特別な支援を必要とする児童生徒の割合が6.3%であったという報告が出され，特別な教育的支援を必要とする児童生徒のための特別支援教育の体制整備に向け教育的支援の観点からも法制度が求められました。このような背景の中で発達障害者支援法は，2004（平成16）年に超党派の議員立法により成立し2005（平成17）年に施行されました（図6-2）。

発達障害者支援法は，「発達障害を早期に発見し，発達支援を行うことに関する国および地方公共団体の責務を明らかにするとともに，学校教育における発達障害者への支援，発達障害者への就労支援，発達障害者支援センターの指

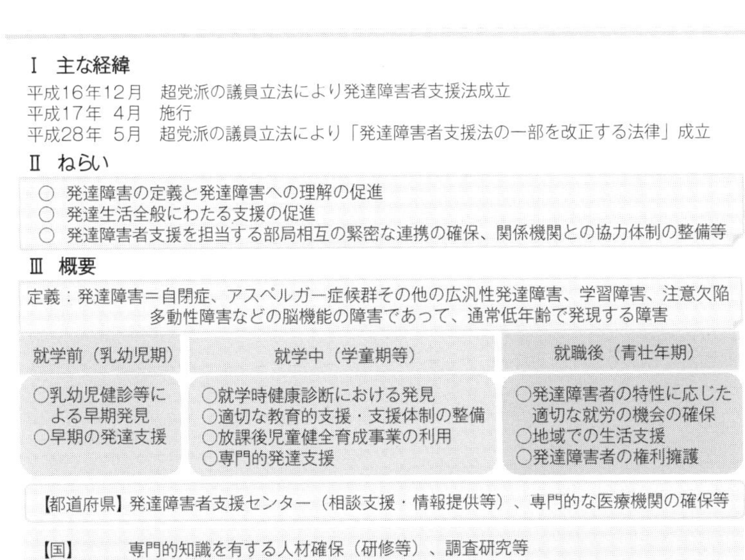

図6-2　発達障害者支援法の全体像（内閣府「平成29年版障害者白書」より一部改変）

定等について定めることにより，発達障害者の自立および社会参加のためのその生活全般にわたる支援を図り」共生社会の実現に資することを目的とされています。その他に発達障害の定義，ライフステージを通して一貫した支援，関係機関の連携，情報共有の促進，権利利益の擁護，家族支援，発達障害者支援センター，司法手続きにおける配慮，専門家の養成，発達障害者支援地域協議会などを規定しています。

発達障害者支援センターは，都道府県及び指定都市に設置が義務づけられており，地域の発達障害者支援の中核としての役割を持っています。業務として，①発達障害を持つ本人や家族および関係機関に対して，専門的な立場から相談に応じ，助言・情報提供を行う　②発達障害者支援に携わる従事者への研修　③医療，保健，教育，労働などの関係機関や民間団体との連絡調整，などがあります（図6-3）。

また発達障害者の地域での支援体制を作るための「発達障害者支援体制整備

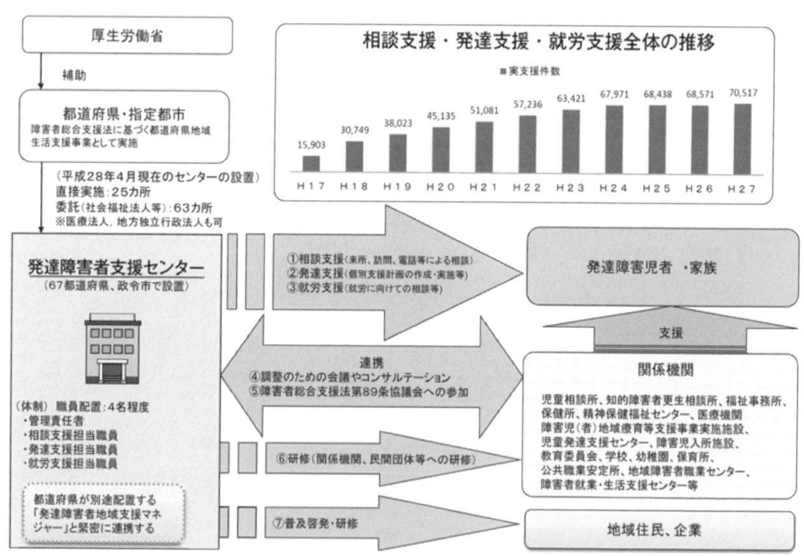

図6-3　発達障害者支援センターの概要（内閣府「平成29年版障害者白書」より一部改変）

事業」，さらに地域における発達障害児者の支援体制と社会参加を進める観点から市町村や事業所への支援，困難ケースへの対応，医療機関との連携を推進する発達障害者地域支援マネージャーが発達障害者支援センターに配置され地域の支援体制の強化が図られています。

発達障害者支援制度でのひきこもり支援は，発達障害者支援センターが中心となりますが，発達障害者支援センターの運営は，都道府県，指定都市などの設置主体の発達障害者支援施策と関連し，直接支援や間接支援など取り組む内容も多様となっています。発達障害者支援センターへのひきこもりについての相談は，発達障害の診断を受けているあるいはその可能性があるのではと考えている方からの相談が多く，電話や来所相談などを通して本人の主訴やニーズに応じて直接支援や間接支援を行ったり，あるいは居場所支援などその人に必要な機能を持つ支援機関につなぐことなどをしていくことになります。

4　ひきこもり支援施策

ひきこもり支援推進事業を中心としたひきこもり支援施策と生活困窮者自立支援制度を組み合わせてひきこもり支援施策は構成されています（図6-4）。

(1)　ひきこもりに特化した支援施策

ひきこもり支援施策として「ひきこもり支援推進事業」があり，「ひきこもり地域支援センター設置運営」「ひきこもりサポート事業」「ひきこもり支援に携わる人材の養成研修事業」が実施されています。

ひきこもり地域支援センターは，ひきこもりに特化した専門的な相談窓口としての機能をもち都道府県，指定都市に設置されています（79カ所，2020年12月）。ひきこもり支援コーディネーター（社会福祉士，精神保健福祉士，臨床心理士など）が配置され，ひきこもりにある本人や家族からの電話，来所などによる相談や訪問支援を行い，早期に適切な支援につなぐ役割をしています。またひきこもり地域支援センターは，地域におけるひきこもり支援の拠点として，関係機関とのネットワーク構築などを担っています（図6-5）。

ひきこもりサポート事業は，ひきこもりの状態にある本人，家族の相談を受けて，訪問による支援や専門機関への紹介を行います。また社会参加に向けた本人や家族の居場所づくり，また就労に限らない多様な居場所づくり，施策についての情報発信，講習会などを開催する業務を実施しています。

ひきこもり支援に携わる人材の養成研修事業は，ひきこもり経験者（ピアサポーター）を含む「ひきこもりサポーター」の養成，市町村のひきこもりを担当する職員研修を行っています。さらに2020（令和２）年よりひきこもり当事者（ピアサポーター）や経験者等によるSNSや電話等によるオンラインでの居場所づくりの実施やカウンセリング相談などリモートで支援を行うとなっています。

ひきこもり支援機関に寄せられる相談の中に，その相談の過程で発達障害の可能性があるとわかる方がいます。そのような場合では医療支援につなげる，あるいは発達障害者支援機関につなげる必要があります。そのようなケースで

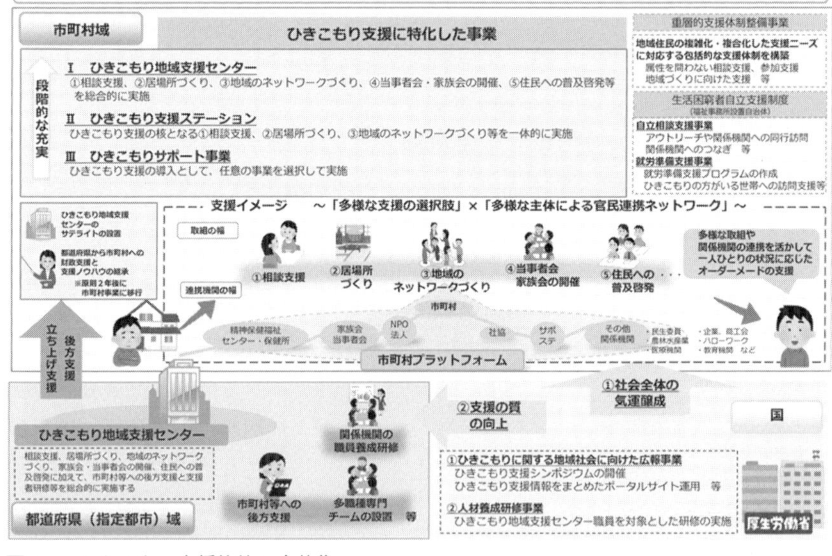

図6-4　ひきこもり支援施策の全体像
（内閣府「令和４年版 子供・若者白書」）

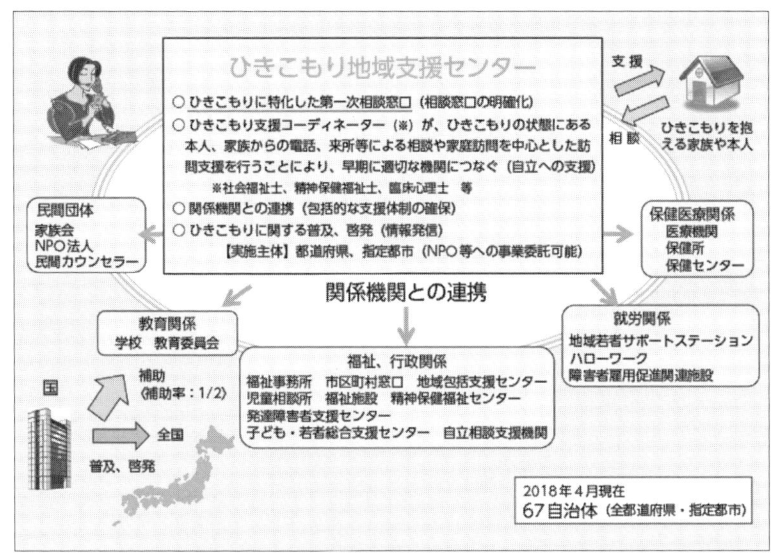

図6-5　ひきこもり地域支援センター設置運営事業（厚生労働省「平成30年版 厚生労働白書」）

もつなげて終了ということではなくつなげた支援機関と連携してチームとして支援を組み立て取り組むことが重要です。

⑵　生活困窮者自立支援制度の中でのひきこもり支援

生活保護制度とともにセーフティネットとして生活困窮者の自立を支援するものとして生活困窮者自立支援法が制定されました。

生活困窮者自立支援法では，生活保護に至る前の段階において自立支援の強化を図るために自立相談支援事業[注2]，住居確保給付金，就労準備支援などの制度が定められています。アウトリーチにより早期に支援につなげることが意図されており，市町村プラットホーム[注3]を形成する他の機関の職員と同行訪問や信頼関係の構築を目的としたアウトリーチ，またひきこもり状態の人な

注2：福祉事務所設置自治体に自立相談支援機関を置いている。

注3：自立相談支援機関，地域若者サポートステーション，ハローワーク，ひきこもり地域支援センター，ひきこもり家族会等により形成されるネットワーク。

ど長期の支援が必要な人にはより丁寧な支援を実施するとしています。生活困窮者の中には社会とのつながりが薄れ自らサービスにアクセスできずひきこもり状態に陥っている人もおり，その背景には発達障害がある人も少なからず存在しています。そこで自立相談支援を担当する職員に発達障害の理解と支援についての研修が行われています。

⑶ その他のひきこもり支援施策

●子ども・若者支援地域協議会

社会生活を円滑に営む上で困難を有する子どもや若者を支援するために地域のネットワークを整備するものとして2010（平成22）年「子ども・若者育成支援推進法」が施行され，地域に子ども・若者支援地域協議会が設置されています。そこでは地域において横のネットワークと縦のネットワークの構築が目指されています（2021（令和３）年１月１日128カ所設置）。

●地域若者サポートステーション

地域若者サポートステーションは，働くことに悩みを抱える若年無業者を支援し職業的自立を促すことを目的として設置された事業です。事業主体は厚生労働省で，事業を若年無業者の自立支援に実績のある各種団体に委託し実施され，利用対象は15歳～49歳，全国に177カ所（2020年）設置されています（図6-6）。

先に挙げた市町村プラットホームに位置づけられ，行政機関，教育機関，保健・福祉機関などの地域の支援機関と協働・連携し職業的自立に向けた専門的相談支援，ステップアップ支援，若年無業者等集中訓練プログラムを実施しています。ひきこもりの発達障害の人が，ひきこもり状態から社会とつながる場として，また安心して過ごせる場として，集団の中で対人関係等について学ぶ場としても利用されています。

●東京都若者社会参加応援事業

本事業は，東京都の独自事業ですが，発達障害のあるひきこもりの青年が利用できる制度なので紹介します。

東京都がひきこもり等の状態にある若者の社会参加を応援することを目的として，支援団体の協力のもと作成した「ひきこもり等の若者支援プログラム」

の実施をNPO法人等に委託しサポートしていく事業です。プログラムは，「訪問相談・支援」「自宅以外の居場所の提供」「社会参加への準備支援」より構成されています。訪問相談・支援は，自宅を訪問して相談やカウンセリング，情報提供などの働きかけを行い，また必要に応じて外出等に同行し自宅から外に出ることへの支援，またあわせて個別相談や交流会の開催等家族支援を行い本人に対して間接的な支援を行っています。自宅以外の居場所の提供は，いわゆる居場所支援で自宅以外の安心できるフリースペースの提供とともに各種活動を通じて自己肯定感を醸成することを目的とした通所型支援です。社会参加への準備支援は，社会体験活動を通じて生活習慣の改善やコミュニケーション能力の向上を図り，自信を向上させていくことを目的とした通所型支援を中心としています。本事業を実施している団体は21カ所（2021年）で，実施しているプログラムの種類は団体によって異なっています。

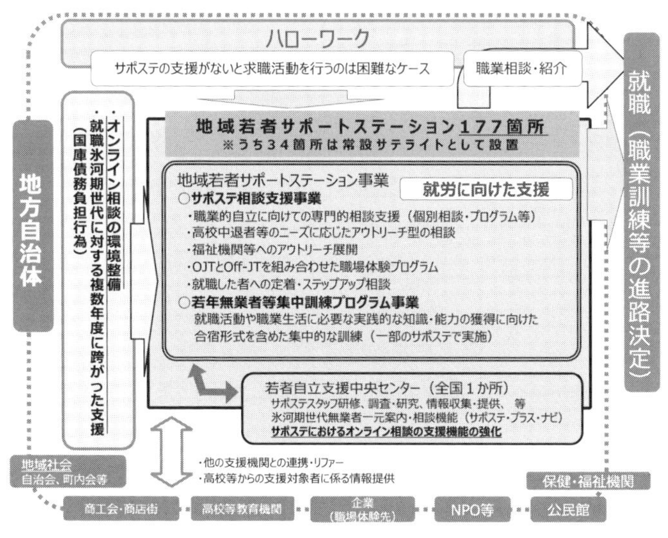

図6-6　地域若者サポートステーション事業
（厚生労働省，2021より一部改変）

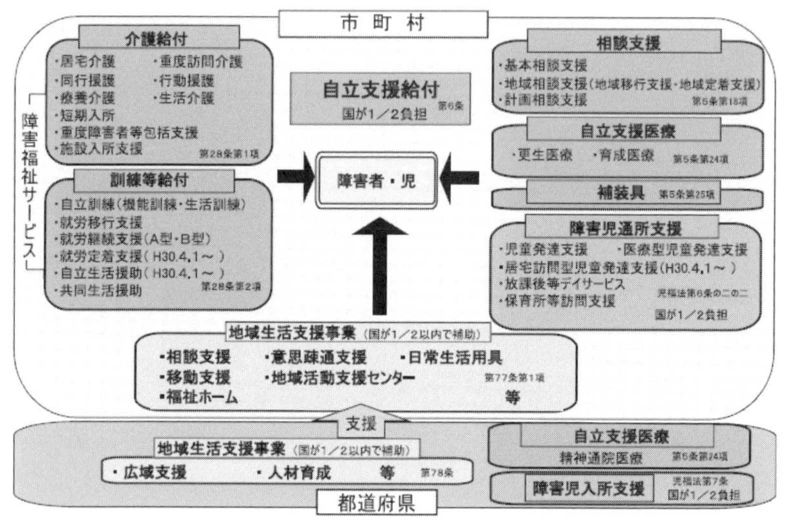

図6-7　障害者総合支援法及び児童福祉法の給付・事業（内閣府「令和２年版 障害者白書」）

⑷　障害者向け支援制度の活用

障害者を対象とした制度として障害者総合支援法における障害福祉サービスがあります。そのうち知的障害を伴わない発達障害のある青年が利用できるものとして「自立訓練（生活訓練）」「就労移行支援」「就労継続支援」および就労定着支援」「地域活動支援センター」等があり，いずれもひきこもり状態から脱し社会参加を進めていく段階の人が利用可能な制度です。なおこれらの制度を組み合わせて取り組むことも可能です。医療機関の利用については，「自立支援医療」があり発達障害のある人は「精神通院医療」の対象となります。また他の制度として手帳制度が定められており知的障害を伴わない発達障害のある人は「精神障害者保健福祉手帳」の対象となります。この手帳の取得は，生活の経済的基盤を支える「障害者基礎年金制度」利用の際の条件となります。

●自立訓練（生活訓練）

自立した日常生活または社会生活を営むことができるよう生活能力の向上を目的とし相談や助言等の必要な支援を行い，標準利用期間は２年となっています。

●就労移行支援

就労を希望する人に対して，生産活動，職場体験の機会を提供し，就労に必要な知識や能力の向上のための訓練および求職活動支援などを行います。なお本制度は大学での就労支援に活用できるよう大学４年生が利用できる仕組みとなっています。

●就労継続支援

通常の事業所に雇用されることが困難な障害者に対し，働く場を提供し生産活動その他の活動を通して知識，能力向上のための訓練を行います。

●就労定着支援

雇用され６ヶ月経過した障害者に対して，就職先，障害福祉サービス事業所，医療機関等との連絡調整，就職に伴う日常生活または社会生活を営む上で生じる問題に関する相談，指導および助言を行います。就労移行支援事業所に委託し，利用期間は３年です。

●地域活動支援センター

地域活動支援センターは，地域で暮らす障害者が通い，創作活動または生産活動，社会との交流を図っている事業です。地域の事情によって様々なプログラムを実施しています。地域活動支援センターには，Ⅰ型，Ⅱ型，Ⅲ型の３つの類型があり，知的障害を伴わない発達障害のある人はⅠ型の対象となります。

Ⅰ型は，精神障害の人を対象とし，精神保健福祉士等を配置し，医療・福祉等と連携し支援を行い，また普及啓発や地域の社会基盤の連携強化のための調整などを業務としています。ひきこもり状態だった発達障害のある人が社会の中で安心して社会とつながる居場所として活用されています。

以上の他に，本人の状況により住居の提供や日常生活の援助を行う「共同生活援助」（グループホーム），共同生活援助からアパート暮らしなどに移行した後に定期的に訪問し，情報提供や助言等の援助を行う「自立生活援助」があります。

｜ 5 ｜今後必要と思われる制度的支援

発達障害者支援法の施行以降，福祉，教育，就労分野に限らず，制度の整備は着実に進んできています。ひきこもりの発達障害のある青年に対しても高等学校や大学において様々に工夫され取り組まれています。ですが一方で発達障害あるいはその可能性のある人が就職した後，人間関係や業務遂行上等の問題からひきこもりになる現状があります。発達障害についてダイバーシティ等の観点より発達障害への理解と対応をテーマにした職場内研修を実施している企業・団体も増えてはきていますが，ひきこもりの人を生みださないためにも，一般企業・団体など，周囲の人々が前向きに取り組めるような情報提供や相談などの制度的支援が必要です。

文献

厚生労働省．平成30年版 厚生労働省白書　ひきこもり地域支援センター設置運営事業　Retrieved from https://www.mhlw.go.jp/stf/wp/hakusyo/kousei/18/index.html（2022年10月10日）

厚生労働省人材開発統括官付若年者・キャリア形成支援担当参事官室（2021）．地域若者サポートステーション事業について　Retrieved from http://www.mutsu-th.asn.ed.jp/shinro/imgshinro/03_kousei_file.pdf（2022年10月10日）

文部科学省（2002）．通常の学級に在籍する特別な教育的支援を必要とする児童生徒に関する調査結果

内閣府．平成29年版 障害者白書　Retrieved from https://www8.cao.go.jp/shougai/whitepaper/h29hakusho/gaiyou/h02.html（2022年10月10日）

内閣府．令和２年版 障害者白書　Retrieved from https://www8.cao.go.jp/shougai/whitepaper/r02hakusho/zenbun/pdf/s3_1-1.pdf（2022年12月30日）

内閣府．令和４年版 子供・若者白書　Retrieved from https://www8.cao.go.jp/youth/whitepaper/r04honpen/pdf/s3_2-1.pdf（2023年４月29日）

第7章

学生相談からみた発達障害のある大学生のひきこもり

高野　明

1　大学生のひきこもり

本章では，発達障害のある大学生のひきこもりの支援について論じたいと思いますが，彼ら／彼女らの支援は，一筋縄にはいかず容易ではないというのが，学生相談カウンセラーとしての正直な実感です。高等教育機関の学生相談施設を対象とした調査でも，相談機関が直面する課題の一つとして，「不登校・ひきこもり」への支援があることが報告されています（水田・石谷・安住, 2011; 鈴木他, 2019）。大学生に限らないことですが，ひきこもりは問題の現れ方や背景が多様で，ひきこもりの当事者本人が直接支援につながることも少ないため，学生相談カウンセラーにとっても対応に苦慮することが多い問題と言えるでしょう。

学生相談の領域では，1970年代頃から，アルバイトやサークル活動等はできても，学生の本業である学業に対して無気力な状態が慢性的に続くスチューデント・アパシー（退却神経症）が問題となり（笠原, 1984），1990年代以降は，青年の「社会的ひきこもり」が社会問題化し，これらの学生を中学生・高校生と同様に不登校の視点から捉える流れが生まれ，さらに，無気力な状態を単なる不適応や病的なものとして捉えず，学生が「生き方の変更」の課題に取り組むことを支援するという発達的な視点も提起されました（小柳, 2001）。

発達障害のある学生は，こだわりの強さや対人関係の難しさから，生きづらさを抱きやすく，中には，大学や社会に居場所を見つけることができずにひきこもってしまう人もいます。2000年代に入ると，心理・医療・福祉・教育等の領域で発達障害に対する関心が高まり，学生相談においても発達障害の視点を導入した支援のあり方についての議論が増えていきました（例えば，岩田，2003；山本，2003，岩田・小林・関，2004 など）。2005年に発達障害者支援法が，2016年に障害者差別解消法が施行されると，その流れは一層加速し，支援を求める学生の個別ニーズに照らして，学生の心理社会的成長，発達，回復の促進と，社会的障壁の除去と教育を受ける機会の提供の両者の要素を組み合わせて支援が行われるようになっています（日本学生相談学会，2015）。

学生相談における支援では，ひきこもりと不登校の問題がセットで論じられることも多くありますが，両者は重なりがあるものの，別の状態像を示していると考えるべきでしょう。大学に登校しないことと，社会的なつながりから退却してひきこもることの間には，一部に連続性があるものの，違いも多くあります。不登校の学生でも，アルバイトに精を出していたり，趣味の世界で他者とつながっていて友人関係が保たれていたりすることもあります。友人や家族を含めた対人関係が閉ざされてしまうような状況になると，ひきこもりということになりますが，全ての不登校学生がひきこもっているかというとそうではありません。

また，大学に在籍しているということは，所属するコミュニティがなく地域でひきこもっているケースと比較すると，それほど深刻ではないとも言えます。ただ，大学に籍があるうちに，早い段階で本人やその家族が支援につながることは，ひきこもりの深刻化・長期化を防ぐ有効な対策にもなります。大学に在籍している間にタイミングを逃さずに，本人や家族がうまく支援につながるよう工夫していくことが肝要であると言えるでしょう。

｜２｜学生生活サイクルとひきこもり

学生生活を送る中で何らかのつまずきがきっかけとなって，ひきこもりになる学生も多くいます。では，実際にどのようなきっかけから，ひきこもり状態に陥るのでしょうか。内閣府による 15～39歳を対象とした調査や 40～64歳を対象とした調査（内閣府，2016；2019）では，ひきこもりのきっかけとして，

「人間関係がうまくいかなかった」，「職場／大学になじめなかった」，「不登校」，「就職活動がうまくいかなかった」，といった項目が上位に挙がっています。それまでの生活の中での生きづらさや不全感の積み重ねがある中で，対人関係の問題や，所属コミュニティへのなじめなさが引き金となって，ひきこもり状態に陥っているということが見てとれます。

近藤（2017）は，発達障害のあるひきこもり当事者が抱える問題として，自分の興味・関心を他者と共有しようとする動機が弱く孤立しやすいこと，他者の意図や会話を理解したり，状況や文脈，暗黙のルールを汲み取ることが苦手で対人不安につながりやすいこと，先のことを想像することが苦手で，実行機能や注意・集中力の問題から，変化の乏しい漫然とした日常生活が長期化することなどを挙げています。これらの問題は，発達障害のある学生が学生生活の中で突き当たることが多い課題と重なります。

大学生が学生生活で経験する困難には，その学生の学年によって特徴的な心理的課題が反映されることが多くあります。学生は，学生期の中で様々な心理的課題に直面し，その課題に取り組むことを繰り返しながら成長していきます。発達障害のある学生も同様に，学生生活の中で様々な課題に向き合い，ある課題は克服したり，またある課題は克服できずに先送りしたりしながら，体験を重ねていきます。そこで，学年の移行を時間軸に学生の心理発達的課題を整理した「学生生活サイクル」（鶴田，2001）を参照枠として，発達障害のある学生のひきこもりのつまずきのポイントを整理してみたいと思います。

齋藤（2020）は，学生生活サイクルの学生期ごとに，ひきこもりにつながる課題やつまずきのポイントを提示し，入学期（１年次）は不本意入学や孤立，中間期（２～３年次）は他の学生との優劣の比較，卒業期（４年次）は就職活動が課題になるとしています。ここでは，「発達障害学生の理解と対応について——学生相談からの提言」（日本学生相談学会，2015）に例示されている各学生期で想定される具体的問題の中から，発達障害のある学生にとってひきこもりのきっかけになりうる，対人関係の問題や，所属コミュニティへのなじめなさに関連する課題について，より具体的に見てみたいと思います。表7-1 に，学生期ごとの心理的課題とひきこもりにつながりうる問題の現れ方を示しました。

表7-1　学生期ごとの心理的課題と問題の現れ方

（鶴田，2001；日本学生相談学会，2015 を参考に筆者作成）

期	学年	心理的課題	問題の現れ方
入学期	学部 1年	それまでの生活から離れ，大学生活の新しい環境に適応する	対人関係の問題 　友人関係を築けず，孤立する 　困ったときに人に助けを求められない 所属コミュニティへのなじめなさ 　履修登録の仕組みや手続きについていけない 　講義内容をノートにまとめるのが難しい 　発表やディスカッション中心の授業についていけない 　レポート課題の書き方がわからない 　大学生活に合ったリズムを作ることが難しい
中間期	学部 2～3年	自分らしさを探求し，将来の選択に備える	対人関係の問題 　対人関係が深まる中で，トラブルが生じる 　好意を寄せる相手との距離感がわからず，トラブルになる 所属コミュニティへのなじめなさ 　課題のレベルが上がり，ついていけなくなる 　要領が悪く柔軟な対応ができずに，アルバイトが続かない
卒業期	学部 4年	学生生活を終え，将来への準備をする	対人関係の問題 　採用面接で円滑なやりとりができない 　研究室の構成員とのコミュニケーションに困難を感じる 所属コミュニティへのなじめなさ 　就職活動のスケジュールがうまく立てられない 　自己PR や志望動機をうまくまとめられない 　卒業研究のための様々な作業を計画的に進められない 　就職活動や卒業研究に支障が出ても，改善に向けて動き出せない
大学院学生期	大学院	良好な人間関係を維持しつつ，先が予測しにくい研究生活に従事する	対人関係の問題 　研究室での暗黙のルールがわからず，対人関係に摩擦が生じる 所属コミュニティへのなじめなさ 　研究の到達目標を設定できずに混乱する 　研究の細部に着目しすぎて作業が停滞する 　集中しすぎて疲弊し，研究に取り組む意欲を維持できなくなる

これらの課題がすべてひきこもりのきっかけになるわけではありません。困難な体験の影響は個々の学生によって異なり，うまく乗り越えることができない場合には，対人場面から退却してひきこもるという一種の対処行動をとることがあります。

では，学生生活サイクルの視点から，学生期ごとにひきこもりのきっかけとなりうる課題にどのようなものがあるかをより具体的に見てみましょう。

⑴　入学期における課題

入学１年目の入学期は，大学入学までの慣れ親しんだ生活から離れ，新しい生活へと移行する時期です。新しい友人関係を築き，大学のカリキュラムに慣れ，自由度の高い生活の中で多くの変化に適応しなければならない入学期は，変化への適応が苦手な発達障害のある学生にとっては，つまずきが生じやすい困難な時期になります。

対人関係の面では，新たな友人関係を作るのが難しく孤立してしまうことがあります。また，困ったときに他者に助けを求めることが難しく，問題をひとりで抱えてしまうということも少なくありません。

また，所属コミュニティへのなじめなさという点では，他者とのコミュニケーションが求められる授業形式や履修登録等，大学ならではの学習スタイルに慣れないことから，学生生活へのなじめなさを感じる学生も多いようです。中には，受験で失敗し，本人にとって不本意な学校に入学したという学生もいます。不本意感へのこだわりを捨てて，学生生活をスタートさせることを受け入れるか，あるいは大学受験をやり直すか，目標を再設定するために学生生活から距離を取って整理する時間が必要になる学生もいます。

⑵　中間期における課題

２～３年次にあたる中間期は，初期適応が終わり，学生生活上の変化が比較的ゆるやかな時期になります。その中で，学生は自己を探求し，将来や進路の選択に備えます。

対人関係面では，関係が深まる中でトラブルが生じることがあります。恋愛関係においては，好意を寄せる相手との距離感がわからずに，トラブルになることもあります。

所属コミュニティへのなじめなさという点では，学業面では，学習内容が高度になっていくとともに，実習・実験等の共同作業の機会が増えて，ついていけなくなる学生がいます。また，要領が悪く柔軟な対応ができずに，なかなかアルバイトが続かないという学生もいます。

近年では，進路決定や就職活動が早期化し，インターンへの参加などのキャリア形成に関する活動に中間期から取り組み始める学生が多くなりました。見通しをもった計画的行動が苦手な発達障害のある学生の中には，卒業後の生活やキャリアを具体的にイメージすることができず，進路決定が遅れたり，具体的な活動に手を付けられなかったりする学生も少なくありません。中間期にキャリア形成の課題で行きづまることは稀ですが，卒業期での行きづまりにつながっていくことも少なくありません。

(3) 卒業期における課題

卒業前の４年次にあたる卒業期は，最終的に学生生活を終え，将来への移行を進めていく時期です。就職活動では，自己分析や業界研究等の準備を計画的に進め，採用面接やグループディスカッションでのコミュニケーションを重ねていくことが求められます。卒業研究では，長期にわたる計画的作業の積み重ねと，指導教員等との継続的なコミュニケーションが求められます。

対人関係の面では，就職活動で円滑なコミュニケーションができなかったり，研究室の構成員とのコミュニケーションに困難を感じたりする学生がいます。

所属コミュニティへのなじめなさという点では，就職活動や卒業研究のスケジュールを管理し，継続的に様々な作業を積み重ねていくことが求められますが，途中でつまずいてしまい，うまく進捗しない状況になっても改善に向けて動き出せない学生がいます。

(4) 大学院学生期における課題

大学院学生期では，学生生活の場が研究室というより狭いコミュニティになります。その中で良好な対人関係を維持しつつ，先が予測しにくい研究活動に従事することが求められます。その一方で，専門分野での就職は容易でないことも多く，発達障害のある学生も様々な課題に直面します。

対人関係の面では，研究室内での学生同士やスタッフとの関係に摩擦が生じたり，指導教員との信頼関係構築に苦労する学生がいます。所属コミュニティへのなじめなさについては，大学院生は，先行研究の読み込み，研究計画の立案，調査や実験の実施，データ分析，成果の発表，論文化といった，研究に関する一連の活動をこなして成果を挙げることが求められますが，発達障害のある学生の中には，そのプロセスの中で行きづまり，研究に取り組む意欲を維持できなくなる学生もいます。

3　大学生がひきこもる意味

次に，大学生がひきこもることの意味について，学生期の心理発達的課題と関連づけて考えてみます。青年期を過ごす多くの学生にとって，学生期は，社会に出ていく前の最後の教育課程として，自立のための準備期間となります。学生は，学生生活での様々な体験を通して，自己を探索し，アイデンティティの形成の課題に取り組みます。ひきこもりは，この自己探索のプロセスの中で生じる一つの反応，一種の対処行動と見ることもでき，学生の個人的な背景と学生を取り巻く社会の状況の双方が反映されたものと捉える必要があります。

高塚（2017）は，現代の学校や職場で求められる資質として，①他者とのコミュニケーションを円滑に行える能力，②他者との人間関係を構築する能力，③テキパキと課題を達成する能力，の３つを挙げています。近年，コミュニケーションにおける劣等感や孤立感を抱く若者が，自己卑下して自らやその行いを「コミュ障」，「ぼっち」，「便所飯」と称することがあるように，コミュニケーション至上主義的な風潮が社会全体に広がっており，この風潮は発達障害のある学生の生きづらさを増悪させているように思われます。

また，最近の若者が，一貫した自己像としての「アイデンティティ」を持たず，「キャラ」という言葉で示されるような断片的な要素の寄せ集めとして自らの人格を捉え，複雑な人間関係の破綻を回避するために，状況や相手によってキャラを使い分けるコミュニケーションを取っているという指摘もあります（土井，2009）。臨機応変の対応が苦手な発達障害のある学生にとっては，状況に応じた「キャラ」の使い分けは至難の業で，それができないとなると，良好な対人関係を構築，維持し，所属するコミュニティになじんでいくことが困難になってしまいます。

どちらの風潮も，発達障害のある若者にとっては，生きづらさから逃れるために，「ひきこもる」という対処行動を取らざるをえなくなる状況を生んでいると言えそうです。

では，大学生のひきこもりは，否定的な面だけしかないのでしょうか。筆者は，ひきこもりには，青年期後期の節目のタイミングで，それまでの生き方では通用しなくなる事態に直面して，新たな自己像を獲得するための自己探索の時期として，積極的な意味も含まれていると考えています。

小柳（2001）は，ひきこもりや不登校について，「生き方の変更」の課題に取り組むという発達的意義があると述べています。また，「ひきこもり」を寺社に参篭し祈るという意味の「篭る」と読むことで，現世利益的な社会から離れて，個人的に確保した宗教的な時間の中で自らを疑う哲学的側面があると指摘しています。高塚（2021）は，ひきこもりという現象は「ひく」という動詞と「こもる」という動詞が組み合わされた言葉であり，そこには極めて主体的かつ意志的な状態が示されているとみなすことができるとも指摘しています。

田村（2014）は，ひきこもり生活を続けていた青年の育ち直しを支援した事例研究を通して，カウンセラーとの継続的な相互作用の積み重ねにより，自己の肯定感や価値感を回復し，アイデンティティ確立へのプロセスが進展したと報告しています。

吉良（2010）が指摘するように，不登校やひきこもりの空白の時間は「空虚」ではなく，将来につながる「間」となりうるものです。将来につながる自己探索においては，途中で迷子になってしまったり，疲れ果ててしまって前に進めなくなったりすることもありえます。カウンセラーが個々の学生のペースに合わせながら，その探索に寄り添って対話を重ねていくことで，人間として成長する機会とすることができるのではないかと思います。

4　学生相談におけるひきこもり支援の実際

上記の議論を踏まえて，学生相談における支援の実際について，本人への支援と，教職員や家族への支援に分けて考えたいと思います。

(1)　本人への支援

ひきこもり状態の学生が学生相談の来談につながることは稀です。本人が来談した場合には，まず何より来談してくれたことを労いたいものです。周囲に促されて来談したのかもしれませんし，事態を改善するために相談するという選択を自ら行ったのかもしれませんが，人との関係を避けてきた学生が，相談の場に出てくることは，とてつもないエネルギーと勇気の要ることです。そのことを理解していると来談学生に伝えることは，ラポール形成のためにも不可欠なことです。

状態像についてのアセスメントについては，本人の発達特性や精神症状から，本人を取り巻く環境要因までを含む，包括的な評価を行うことが求められます。近藤（2017）は，「ひきこもりの包括的アセスメント（GAW）」として，①ひきこもりに関連する情緒体験・症状，②パーソナリティと発達の特性，③心理的資質，④ひきこもりに関連する身体的問題，⑤ひきこもりに関連する環境要因の評価，⑥社会的機能水準の評価，の６軸の評価を提案しています。筆者は，発達障害のある大学生のひきこもり事例のアセスメントでは，とくに，①修学状況（単位の取得や出席状況，在学年限など），②学生生活の状況（課外活動，友人関係，教職員との関係等），③発達障害による二次障害等の有無とその影響，④家族や周囲の人的資源等，を確認するようにしています。そうすることで，学生生活全般での適応状態と，支援のために必要な情報を収集することができます。

また，支援を進めていく上では，本人のモチベーションと変化への準備状態についても確認することが重要です。自らの問題に向き合う準備ができていないのに，周囲や支援者が先を急いでしまい，支援から脱落させてしまうことがないように，本人の準備状態に合わせた支援のペースの調整が必要となります。

相談のプロセスの中では，学生生活上の現実的課題の解決を支援するとともに，本人の自己理解を促し，自分らしい生き方を模索することを支えます。現実的課題に関する支援は，例えば，入学期であれば，大学のカリキュラムや履修登録に慣れることだったり，卒業期であれば，進路選択や就職活動への取り組みを支援することだったりします。単位の取得状況や本人の心身の状態，改善に向けたモチベーション等も確認しつつ，場合によっては休学制度を活用することも考慮しながら，学生が現実的な課題に対処することを支えます。そして，上述したような，学生期ごとのつまずきのポイントをうまく回避できるよう支援していきます。

ひきこもりの事例の困難の一つに，休学や長期欠席からの復帰の難しさが挙げられます。必要に応じて教員のサポートも得つつ学業の遅れを取り戻すことを目指し，学生相談での定期的な面接を行ったり，ピアサポート活動の利用を促したりして，キャンパス内での安心できるつながり作りを支援します。

学生本人が相談室に来談できなくなった場合には，カウンセラーが学生の自宅に訪問して支援することも考えられます。ただ，カウンセラーによる訪問支援は，単回での実施は現実的かもしれませんが，他の業務とのバランスを考えると頻回に実施することは難しいでしょう。そのような場合には，アウトリーチ（訪問支援）を行うNPO等の専門的支援機関の利用も検討しても良いかもしれません。

また，相談室とのつながりが切れて支援が途絶えてしまわないように，本人の意向を尊重しつつ，家族や教職員との連携を模索して支援関係を多重化することで，相談室とのつながりが切れた時だけでなく，卒業等で大学に籍がなくなった後の支援につなげることも視野に入れておきたいところです。

⑵　教職員への支援・家族への支援

教職員や家族等の関係者は，学生と日常的な関わりがあり，最前線で学生を支える支援者でもあります。関係者の理解の有無により，非常に頼れる援助資源にもなりえますし，逆に援助の妨げになってしまうこともあるため，教職員や家族への支援は非常に重要です。

教職員や家族へのコンサルテーションにおいては，学生本人と直接関わる者としてどのように振る舞えば良いかを助言します。そのためには，ひきこもりについての先入観やステレオタイプ的な見方から距離を取り，学生本人の問題の本質的理解を促すことが肝要です。また，関係者への間接的な支援には限界もあるため，どこかの段階で本人を支援につなげるための方策を検討することが求められます。

支援者自身が体験するストレスへの対処も支援対象になります。ひきこもる学生の家族が，将来に対する焦りや不安を抱くことや，指導教員が指導に際しての負担感や責任感を感じることは自然なことです。ひきこもり学生の家族は，大学に籍がなくなってからも支援を担っていくことが期待されます。地域のセルフヘルプグループとして，ひきこもりの家族会が組織されているので，そういう場を紹介することもできるでしょう。また，ひきこもり学生に限らない取り組みではありますが，松下・峰松・福盛（2007）は，学生相談機関による「親の会」というサポートグループの実践を行い，その意義を，大学と家族と学生をつなぐこと，参加者がともに学び，互いに支え合うこと等であると指摘しています。同じ大学の中で，同じような境遇にある他の家族と体験の共有や情報交換を行うことで，相互に情緒的サポートを与え合う貴重な機会になると考えられます。

５　学生相談におけるひきこもり支援の課題

最後に，現在の学生相談におけるひきこもり支援における課題について整理して，この章を終えたいと思います。

(1)　ひきこもらせてくれない大学

2010年頃から，希望する全員が入学できる「大学全入時代」の到来を受けて，面倒見の良い大学が評価されるようになっていることもあり，各大学で学生支援体制が整えられてきました。その中で，きめ細かな出席管理をもとに，数回授業を欠席するだけで保護者に連絡が行き，必要であれば本人を学生相談につなげるというような仕組みが導入されている大学も増えてきています。不登校の芽を早めに摘み取ってしまう素晴らしい取り組みなのですが，一方で，ひきこもることで立ち止まって自己を振り返り，自らの生き方を再考する「猶予期間」がなかなか与えてもらえないことにもなります。

筆者は，早期発見で早期支援につなげることは基本的に良いことだと思いますが，学生の個別性に応じた支援のペースを考えないと，良かれと思って行う支援が，本人の人権を無視して外の世界に無理矢理引きずり出す「引き出し屋」と同じことになりかねないことを肝に銘じておく必要があると考えています。

(2) コロナ禍での学生相談とひきこもり支援

2020年から続く新型コロナウイルス感染症の拡大の影響を受けて，多くの大学でオンライン授業が行われ，課外活動も自粛や制限が求められるようになり，学生がキャンパスに登校することが減りました。その結果，気になる学生が教職員の目に入ってこなくなり，支援を必要とする学生の存在に気づけずに，学生を早期の支援につなげることが難しくなってしまいました。皆が自宅にいることが当たり前となったために，本来のひきこもり学生を区別して見つけることが，難しくなったとも言えるでしょう。

家族関係については，親と同居する学生にとっては，親の在宅勤務等で常に家族が家にいるという状況が生まれ，家族との距離が近くなって家族間の摩擦が生じたり，心理的に不安定な親やきょうだいがいる場合，その影響を受けやすくなったりして，家族の問題が顕在化しやすくなっています。

発達障害のある学生の中には，自粛生活の中で対人関係が希薄になり，人との距離がとれることで，むしろ，安心できる，落ち着くことができるという学生も少なからずいます。彼ら／彼女らにとっては，ソーシャルディスタンスが求められるコロナ禍の社会の方が，ほどよくひきこもることができる生きやすい世の中なのかもしれません。社交不安があって教室に来ることが難しかった学生が，オンライン授業になったおかげで単位が取れたという話もちらほら耳に入ってきます。

また，コロナ禍を受けて，多くの学生相談機関で，ビデオ会議システム等を用いた遠隔相談が導入されました。それまでの主要な援助方法として用いられていた対面相談と異なり，学生が自宅にいながらにして相談室とつながるチャンネルができたことになります。今までの学生相談ではつながりにくかった，ひきこもり傾向のある学生への有効なアプローチが，コロナ禍の副産物として図らずも整えられたと言えるでしょう。遠隔相談は，コロナ後もひきこもり学生の支援に活用されていくことが期待されます。

｜６｜さいごに

ひきこもりの支援に限ったことではないですが，画一的な対応ではなく，個々の学生の準備状況に合わせた，適度な距離感とペースで関わることが重要です。機会をうまく捉えて効果的なタイミングで援助資源へつなぎ，現実的課題と内的な課題の双方に取り組むことを粘り強く支援していくことが求められます。

学生が大学というコミュニティに所属していることは，ひきこもりの深刻化を防ぐ重要なファクターでもあります。大学に在籍している中で，学生相談という支援につながった「ご縁」をなんとか活かして，その学生らしい生き方を見つけ，その学生にとってより良い人生に向けてのきっかけが得られるような支援になるよう，心がけたいものです。

学生は，卒業するか退学するかして，いずれ大学を離れていきます。時間的制限がある学生相談での支援は，自己探索の道のりを学生と併走し，次の人生への橋渡しになることが求められていると言えるでしょう。

文献

土井 隆義（2009）．キャラ化する／される子どもたち――排除型社会における新たな人間像――　岩波書店

岩田 淳子（2003）．高機能広汎性発達障害の大学生に対する相談について　学生相談研究, *23*(3), 243-252.

岩田 淳子・小林 弥生・関 真利子（2004）．発達障害の学生への理解と対応に関する研究　学生相談研究, *25*(1), 32-43.

笠原 嘉（1984）．アパシー・シンドローム――高学歴社会の青年心理――　岩波書店

吉良 安之（2010）．修学に関する相談　日本学生相談学会50周年記念誌編集委員会（編）学生相談ハンドブック　学苑社　pp.71-74.

近藤 直司（2017）．青年のひきこもり・その後――包括的アセスメントと支援の方法論――　岩崎学術出版社
小柳 晴生（2001）．不登校学生の心模様　鶴田 和美（編）学生のための心理相談――大学カウンセラーからのメッセージ――　培風館　pp.182-195.
松下 智子・峰松 修・福盛 英明（2007）．学生相談における「ファミリーサポートグループ」活動の試み　学生相談研究, *27*(3), 191-203.
水田 一郎・石谷 真一・安住 伸子（2011）．大学における不登校・ひきこもりに対する支援の実態と今後の課題――学生相談機関対象の実態調査から――　学生相談研究, *32*(1), 23-35.
内閣府政策統括官（共生社会政策担当）（2016）．若者の生活に関する調査報告書
内閣府政策統括官（共生社会政策担当）（2019）．生活状況に関する調査（平成30年度）
日本学生相談学会（2015）．発達障害学生の理解と対応について――学生相談からの提言――
齋藤 暢一朗（2020）．不登校・ひきこもりの学生　日本学生相談学会（編）学生相談ハンドブック　新訂版　学苑社　pp.110-116
鈴木 健一・杉岡 正典・堀田 亮・織田 万美子・山内 星子・林 潤一郎（2019）．2018年度学生相談機関に関する調査報告　学生相談研究, *39*(3), 215-258.
高塚 雄介（2017）．文化的時代的背景からひきこもりを考える　一般社団法人日本臨床心理士会（監修）江口昌克（編集）ひきこもりの心理支援――心理職のための支援・介入ガイドライン――　金剛出版　pp.24-38
高塚 雄介（2021）．あらためてひきこもりを考える　高塚 雄介（編）ひきこもりの理解と支援――孤立する個人・家族をいかにサポートするか――　遠見書房　pp.24-46
田村 友一（2014）．実存感覚を持てないひきこもり青年の発達に寄り添う支援　学生相談研究, *35*(1), 16-27.
鶴田 和美（編）（2001）．学生のための心理相談――大学カウンセラーからのメッセージ――　培風館
山本 真由美（2003）．対人関係や学習上の問題を抱える学生における発達障害の可能性とその対応　学生相談研究, *24*(1), 21-30.

コラム1 ・・・・・・・・・・・

大学生のひきこもりと精神科医療の関わり

大島 紀人

1．大学生のメンタルヘルス

思春期には精神疾患が発症しやすく，児童・生徒のメンタルヘルスの問題は文部科学省が示す現代的健康課題のひとつとして，学校保健の重大な課題となっています。それに続く青年期にある大学生にとっても，メンタルヘルスは重要です。日本における精神及び行動の障害（統合失調症，気分障害，神経症性障害ほか）の総患者数は，15～24歳で18万5000人と見積もられています（厚生労働省，2019）。これを同年代の総人口（人口推計（平成29年10月1日現在）総務省統計局）で割ると，約1.5%となります。一方で，大学が把握する障害のある学生を調査した結果によると，なんらかの障害のある学生は在籍学生の1.11%であり，このうち，精神疾患のある学生は27.2%，発達障害は17.7%と報告されています（日本学生支援機構，2020）。大学が把握する発達障害を含む精神疾患のある学生数は，患者調査で示された患者数よりも少なくなっています。

精神症状は学生生活に影響します。米国の大学生を対象とした調査では，不安や抑うつ，睡眠障害が学業成績不良と関係することが示されています（American College Health Association, 2021）。日本でも，大学生の精神的な不調は休学や退学の理由となることが示されています（Uchida & Uchida, 2017a）。また，精神疾患のある大学生で退学率が高い傾向があり，そこにはひきこもりが関係する可能性も示唆されています（石井他，2015）。精神科臨床においても，「パニック発作のため混雑する通学電車に乗れず，1限の授業に出席できない」「被害妄想で友達との関係がうまくいかず，部活動が継続できない」「うつ症状のため課題提出が間に合わず，単位を落としそう」など，普段の学校生活の中で精神症状を捉えることは，治療効果を把握し，学校生活を続けるために必要な治療や支援を見積もる点でも重要です。

一方で，学校生活は精神症状に影響を及ぼします。大学生の入学から卒業までを，入学期，中間期，卒業期のように発達段階に分けて捉える，学生生活サイクル論（鶴田, 2001）が提唱されています。在学中，時期ごとに学生は直面する課題を持ち，ストレスにさらされながら成長していくことを示した考え方です。実際の学生支援の現場でも，入学直後の大型連休後や試験期間などに相談が増加することが経験されます。このほか，大学生のメンタルヘルスに影響を与える事象として，高校までとは異なる学習システム（主体的な学習，履修登録，……），経済的な問題，ハラスメント（アカデミックハラスメント，部活動や友人関係の中でのハラスメント，……），カルトなどが挙げられています（福田, 2017）。

自殺は，大学のメンタルヘルスケアにおいても重要な問題です。令和元（2019）年度の日本の自殺者数は2万169人で，このうち学生・生徒等は，小学生８人，中学生112人，高校生279人，大学生390人，専修学校生等99人となっています（厚生労働省・警察庁，2020）。日本全体では，３万4000人を超えていた自殺者数が平成22（2010）年頃より減少に転じていますが，10～19歳の若年者での減少幅は小さく現在も大きな問題となっています。大学生の自殺者について，自殺した学生の８割以上は学内の保健センターを利用していなかった（Uchida & Uchida, 2017b）ことも報告されていて，大学における学生のメンタルヘルス支援の難しさが示唆されます。

２．大学生のメンタルヘルスを支える

大学生のメンタルヘルスの問題に対して，入学時ガイダンスや授業の機会を利用してメンタルヘルス教育を実施する大学も少なくありません。大学生は精神疾患の好発時期であり，はじめて症状を経験する学生もいます。このため，メンタルヘルスに関する知識をもつことは，学生自身のためだけでなく，友人や周囲の人のメンタル不調に気づき・支援することにもつながると考えられます。大学での健康教育の内容に定めはありませんが，若年者にみられる頻度の多い精神疾患（うつ病，統合失調症，不安症，食行動障害ほか）の基礎知識，援助希求行動を含む対処法，自殺予防などがよく取り扱われます（山本監修,

2019)。一方で，大学入学前の学びに目を向けてみると，平成30年度（2018年度）の学習指導要領改訂で，高等学校の保健体育で精神疾患が取り扱われることになりました。ここには，精神疾患の基礎知識だけでなく，精神疾患の捉え方（誰でも罹患しうる，回復可能である，疾患があっても充実した暮らしを送ることができる），予防や早期治療の意義についても含まれます。これを受けて，大学新入生のメンタルヘルスリテラシーの向上が期待され，大学でのメンタルヘルス教育の一層の充実が必要になると考えられます。

また，学生生活を送るキャンパスの環境も学生のメンタルヘルスには重要です。学生同士のピアサポートはその一例で，例えば在校生が新入生に大学生活で役立つ情報や過ごし方のコツを教える，キャンパスでの孤立防止（仲間づくり，居場所づくり），健康に関する啓発活動（ストレス，生活習慣），学生生活上の相談相手などに加え，在校生に大規模なアンケートを実施し，学生の要望を集約してキャンパスライフの向上につなげる活動などがあります。

健康診断時にメンタルヘルスに関わる項目を実施する大学もあります。その方法は，学生精神的健康調査（UPI：University Personality Inventory）を用いたスクリーニングや，保健師面接によるスクリーニング，スクリーニング後の精神科医，心理士による面接など，大学により異なります（早川，2020)。健康診断の結果，精神疾患の診断がついた学生について，その診断分類を見ると，感情障害圏16.9%，不安障害圏15.1%，発達障害13.8%，適応障害10.8%，統合失調症圏4.2% などと報告されています（国立大学保健管理施設協議会編，2019)。健康診断は大学にとって，学生の精神的不調に気づき支援につなげるひとつの方法となっています。このほか，教職員を対象とした研修会等で（Faculty development として）大学生のメンタルヘルスを取り上げ，教職員が学生の精神的不調に気づき，支援につなげる行動を促進する取り組みも行われています。

大学には学生の様々な困りごとに対応する支援機関が設置されます。大学ごとに差異はありますが，学習や研究の問題，就職・キャリアの悩み，経済的な問題，ハラスメント，対人関係や心理的な問題などを相談できる機関や，障害のある学生を支援する機関，留学生を支援する機関などです。これらの学生支援機関は，すべての学生を対象に学生生活の充実につながる支援，困難の早期解決支援，メンタル不調に配慮した環境調整や助言といった具合に，様々な支援を提供することで学生のメンタル不調の予防にも役割を果たしています。実際に多くの学生に利用されており，例えば学生相談所は約９割の大学に設置され，在校生の20人に１人が来談していることが報告されています（吉武, 2018）。

最後に大学内には医療保健施設が設置されています。配置されるスタッフ（医師，保健師など）が学内で果たす役割は大学ごとに様々で，独自に精神科治療を行う機能を持つ施設もあれば，学外医療機関への紹介，連携を主とする施設もあります。いずれにしても，学生にとってメンタルケアの入り口となり，スタッフは伴走しながら学生生活を支えます。

３．精神科医療の中で出会う大学生のひきこもり

日本でよく用いられるひきこもりの定義のひとつは，「様々な要因の結果として社会的参加（義務教育を含む就学，非常勤職を含む就労，家庭外での交遊など）を回避し，原則的には６ヵ月以上にわたっておおむね家庭にとどまり続けている状態（他者と交わらない形での外出をしていてもよい）を指す現象概念」（齊藤，2010）です。大学生の場合，授業や研究室の長期欠席，留年等を機に，周囲がひきこもりに気づくことが少なくありません。全国の大学教員を対象に行われた調査で，不登校学生は学生全体の0.7〜2.9%，ひきこもり学生は0.2〜1.0%と推定されています（水田・石谷・安住，2011）。

ひきこもりに気づいた周囲のすすめで学内の相談機関を訪れる学生もいて，長期欠席は大学生の相談施設・医療保健施設利用理由の一角を占めています。ひきこもりが相談，医療の対象となる傾向は大学生に限りません。例えば，小・中・高校の学校教諭は自殺関連事象や暴力・衝動行動と並んで，不登校を「学校において精神科受診が必要な問題」と考えており，実際に精神科外来を受診する児童・生徒で不登校の割合が多いことを示した研究もあります（高橋・青山・藤田・廣内, 2019）。

ひきこもりに対する精神科医療の役割は，まず精神状態の評価，診断です。ひきこもりを訴えて受診した大学生を診察すると，社交不安症，統合失調症，うつ病，自閉スペクトラム症のほか，睡眠相後退症候群など様々な診断にあてはまるケースを目にします。精神疾患とひきこもりの関係は様々で，精神症状

として／精神症状のためにひきこもりの生活になることもあれば，ひきこもりの生活の中で精神症状が出現することもあります。

特に本書のテーマである，発達障害がひきこもりと関連している学生のケアは，最近の大学生の精神保健の重要な課題の一つとなっています。自閉スペクトラム症（Autism Spectrum Disorder: ASD）を例にとると，こだわりや対人関係構築の困難さといった特性は，学生生活上のストレス・不適応につながりやすいことが知られています。それを回避するまたは休養をとる行動として，学校を休んで下宿先にこもることがあります。また完璧へのこだわりから，１コマ講義を遅刻・欠席すると「あとはどうでもよくなって」欠席を続けてしまう学生もいます。このようなケースでは，診察で得られた本人の特性に関する知見が，ひきこもりの背景を理解し，今後同様のエピソードを予防するためのヒントとなるかもしれません。また，相互的な人間関係や信頼関係の構築が苦手だったり，負担になったりすることには配慮が必要です。ひきこもる学生のケアにあたっては，医療だけで完結することはまれで，多くの支援者と連携して学生を支える体制を目指すことが必要になります。

４．ひきこもりを契機に受診した大学生に対するメンタルケアの実践

大学キャンパス内に設置された医療・保健機関は通常の医療機関と比べて，設置された大学の情報（修学環境や学事暦など）を得やすく，指導教員をはじめ支援者にアクセスしやすい特徴があります。その機能は大学により様々ですが，学生・保護者・指導教員を対象とした相談活動・主に学内の環境調整・外部医療機関への紹介といった機能は共通しています。ここではひきこもりを契機に，キャンパス内の医療・保健機関を受診した学生への対応の概要について記します。

⑴　初診前

ひきこもる大学生が自ら受診に至るケースはまれで，様々な契機で様々な人がひきこもる大学生に気づき，支援につなげようとすることが一般的です。相談先も様々ですが，活動が少なく，睡眠リズムが乱れ，活気がないといった所見から，抑うつ状態として医療機関に相談があることもあります。また，諸手

続き（例えば休学診断書の発行）を契機に受診につながるという例もあります。いずれにしても（医療機関にこだわらず）いかに支援機関につながるか，が最初の課題となります。これは，学生相談所などいずれかの支援機関を経由して受診することも期待できるためです。本人の来所はかなわず，家族相談にとどまるケースもあります。家族が相談につながっても，解決の糸口が見えず，有効な手が打てない時には，医療者として心苦しい限りです。それでもご家族の同意が得られれば，家族相談を維持し本人が支援につながるタイミングを待つことになります。

⑵　**初診時**

ひきこもりを主訴に精神科を受診した場合には，精神疾患の有無を診察で判断します。精神科を受診したからといって，狭義の精神科医療のニーズがあるとは限りません。周囲の勧めで受診した結果，本人は「病気ではない」「ここで相談することはない」と話すこともありますが，このような場合でも相談を続けることに注力します。

診察の進め方は普段通りです。ひきこもりの状態にあるとしても，それにとらわれすぎずに本人の主訴を把握します。「別に困っていない」というのも重要な主訴です。受診に至る経緯を尋ねることで，周囲の支援者の存在や，（本人が認識する）支援者のニーズについて情報を得ることができます。

経過の聴取は，時系列に沿って学生生活を振り返ってもらう形にすると学生は話しやすいでしょう。学生生活の変化やつまずきがあれば，そこを起点に精神状態の評価を話題にすることも有用です。また，「大学入学前に同じようなことはあったか？　小さい頃はどうだったか？」と尋ねることで，幼少期からの情報収集にも応じてもらいやすいでしょう。

精神疾患の診断がつく場合には，必要に応じて精神科治療を開始します。治療は通常通りで，必要に応じて薬物療法も実施します。学内の医療・保健機関で必要な精神科治療が行えない場合には，外部医療機関への紹介を行います。ただし，精神症状とひきこもりの関係を考えた時に，環境調整のウエイトは必然的に大きくなります。外部医療機関での加療となった場合にも，学内の医療・保健機関は主治医の意向を確認したうえで，学内の環境調整や支援者（指導教員や保護者）への支援などの役割で関与を継続する場合もあります。
初診時には以下のような環境調整を考えます。

1　現在の修学状況を把握し直ちに行うべき手続きを確認
（最重要！　修学年限，卒業要件，休学手続きなど）
2　当面の生活の仕方の相談
3　家族や指導教員との情報共有

このうち修学状況は最重要です。特に年度末に駆け込みで受診に至るケースでは，在学延長手続きの期限が迫っていることがあります。手続きをとらず退学となった場合，その後の環境調整は大きな方針転換を迫られるだけでなく，学内資源も活用できなくなります。初診時に本人，家族が修学年限等の問題に気づいていない場合もあります。診察場面で確認できると良いでしょう。

当面の生活について，基本的には受診時点での生活（学校は欠席し自宅中心の生活）を続けることになります。ただし可能であれば，規則正しい睡眠リズム，定期的な通院という形での外出を短期的な目標として提示します。もちろん精神症状や独居生活が破綻しているために必要であれば帰省を考慮する場合もあります。

このような調整について，家族や指導教員との情報共有も重要です。ひきこもりのケースでは，受診に至る時点で，家族や指導教員が事態を把握していることが多いものの，本人に有効な形で支援を継続してもらうためにも，情報共有は重要と考えられます。家族や指導教員との連携に難色を示す学生もいますが，本人にとっても役立つことを説明します。例えば，受診前に家族や指導教員が繰り返し本人に働きかけることは良くあることです。それに対して本人は，家族や指導教員の心配する気持ちは理解しつつも，「メールを開けない」「LINEが返せない」ことに「申し訳ない」と感じることも多いものです。本人に代わりそのような気持ちを医師から家族や指導教員に伝えることができることを本人に伝えます。

初診は治療導入として必要な情報を収集すること，期限がある手続きを支援すること，当面の生活について本人と話し合い，周囲の人にも理解して支援してもらうこと，次回また来る約束をすることが要点となります。

(3) 再診時

受診が継続できた場合には，治療継続するとともに，より詳細な症状評価を行います。精神症状を学生生活の中で捉えることがポイントとなります。ただし幻覚妄想状態や重度のうつ状態のほか，精神科治療が急がれる場合には，必要な手続きを行い，学校を休業できる状態にして，治療に集中することを勧めます。その後，ある程度回復をするまでは治療優先と考えます。

精神症状は環境調整の影響を受けることがあります。特に治療初期においては，「学校を休むこと」「留年することで学業関連の締め切りが延びること」が明確になることで，二次的な不安抑うつ症状（適応障害のようなストレスと関連した診断名がつくことがあります）はかなり改善する場合があります。「家族に心配をかけた」「指導教員を失望させた」などの申し訳ない気持ちもあって，両価的であることに注意は必要ですが，ずっと打ち明けられなかった「休んでいることの苦しさ」が周囲の人に認めてもらえた，という安心感が大きいようです。その後の経過では，学校を休みひきこもる生活の中で精神状態の安定を見ることが多いですが，学事暦にあわせて（例えば，本来は試験や就活を行っている時期とか，新入生がキャンパスに増える時期など）一過性に不安，抑うつ気分を認める場合もあります。

ある程度の安定が得られたら，もう少し詳細な経過の振り返りを行います。欠席が始まった契機や，欠席中に苦しかったこと，自分なりに試みた対処などを尋ねます。ここには２つの意味があります。ひとつは自身の苦手ポイント，学校生活でうまくいかない，苦痛を感じやすいポイントを明らかにすることです。ここでは，「自分が決めた通りに進められないのはイヤ」「一度うまくいかなくなるとどうでもよくなってしまう」「申し訳ないと思ったが，期待に応えられていないと感じて親に相談できなかった」といった振り返りが学生から聞かれたりします。このような診察でのやり取りは，本人の特性の理解を助けます。診断基準を満たすかどうかは別にして，自閉スペクトラム症の傾向が学生生活を阻害している場合もあります。心理検査（例えばウェクスラー成人知能検査）が補助的に活用されることもあるでしょう。今後の生活の中でストレスを感じやすい場面や課題についてあらかじめ知ることで，対策する助けとなります。

もう一つは得意ポイント，強みを明らかにすることです。学校での不適応が続くと，自己肯定感は低下し，本来強みを発揮していた場面に注意が向かなくなります。本人の自己評価と周囲の人の本人に対する評価が乖離することもあります。診察を通じて本人の強みを確認することで，本人に自信を持たせるだけでなく，今後の生活の中で本人が取り組みやすい課題を明らかにする助けとなります。

(4)　学内にある学生支援機関との連携

環境調整にあたっては，学内に設置されている学生支援機関との連携も重要です。学生に見られる障害という視点だけでなく，学生生活をうまく送っていくために必要な支援という視点でも，支援体制を構築していきます。例えば，心理的支援（普段考えていることや誰かに話したいことを話す場面を提供，カウンセリングの実施），修学支援（単位取得状況と卒業に必要な要件の確認，指導教員と相談する機会を設定するなど），就職・キャリアの支援ほか，各人に必要な支援を具体化していきます。必要な支援はケースによって，また経過によって変わります。どのタイミングでどの支援を必ず導入しないといけない，というものではありませんが，あらかじめ説明を行い，必要な時に本人が選択できるようにしておくと良いでしょう。また，これらの学生支援機関では，保護者や指導教員など周囲の支援者からの相談も受け付けている場合があります。個人情報保護の観点から留意点はあるものの，支援者が連携して学生を支えるために有力な手段となります。

このような学内で活用できる学生支援資源については，学外の医療機関では把握しにくいものです。キャンパス内医療・保健施設が外部医療機関と併診している場合，学内支援機関の活用・連携を支援することができます。「行ってごらん」という声掛けだけではなかなか支援機関に足を運べない学生も多いため，担当医が一筆したためて足掛かりとしたりします。これは，学生が指導教員のもとを訪れる場合などにも有効な工夫となります。

5. おわりに

本稿では大学生のひきこもりに対する医療的ケアを取り上げました。大学生の生活には，学生ならではのストレスや困難がある反面，大学生であることで利用できる支援があります。ひきこもりの支援では，当事者と支援者との間で目標の共有が難しく，現状をかえるための最初の一歩を踏み出せないことがあるかもしれませんが，"大学生活への復帰" が当座の（または仮の）目標となりえることも，大学生の相談場面の特徴といえるでしょう。このように，大学生のひきこもりには，その特性を捉えた支援の工夫や実践が行われていますが，ひきこもりの状態のまま大学を離れる場合もあります。大学生は実家を離れて独居している場合も少なくないため，学校から地域へ支援を移行するプロセスは一層複雑になります。"大学後" も考慮した支援が，大学生のひきこもり支援では必要と考えられます。

文献

American College Health Association (2021). ACHA-National College Health Assessment (NCHA) Ⅲ FALL2021 : Reference Group Executive Summary.

福田 真也 (2017). 新版 大学生のこころのケア・ガイドブック——精神科と学生相談からの 17章—— 金剛出版

早川 東作 (2020). 精神健康調査の実施状況——調査の限界と今後の課題—— Campus Health, *57*(2), 51-55.

石井 映美・太刀川 弘和・堀 孝文・石川 正憲・畑中 公孝・相羽 美幸・朝田 隆 (2015). 精神疾患が大学生の学業転帰に与える影響——保健管理センター診療録を用いた後方視的研究—— 精神神経学雑誌, *117*(2), 965-977.

国立大学保健管理施設協議会編 (2019). 学生の健康白書——学生と保健管理スタッフのためのダイジェスト版2019——

厚生労働省 (2019). 平成29年患者調査 Retrieved from https://www.mhlw.go.jp/toukei/list/10-20-kekka_gaiyou.html (2022年４月23日)

厚生労働省・警察庁 (2020). 令和元年中における自殺の状況 Retrieved from https://www.mhlw.go.jp/content/R1kakutei-01.pdf (2022年４月23日)

水田 一郎・石谷 真一・安住 伸子 (2011). 大学における不登校・ひきこもりに対す

る支援の実態と今後の課題――学生相談機関対象の実態調査から――　学生相談研究, *32*(1), 23-35.

日本学生支援機構（2020）．令和元年度（2019年度）大学，短期大学及び高等専門学校における障害のある学生の修学支援に関する実態調査結果報告書

齊藤 万比古（2010）．ひきこもりの評価・支援に関するガイドライン　厚生労働科学研究「思春期のひきこもりをもたらす精神科疾患の実態把握と精神医学的治療・援助システムの構築に関する研究」 Retrieved from https://www.mhlw.go.jp/content/12000000/000807675.pdf（2022年４月23日）

高橋 雄一・青山 久美・藤田 純一・廣内 千晶（2019）．不登校における教育，福祉，医療の連携　精神科治療学, *34*(4), 385-390.

鶴田 和美（編）(2001)．学生のための心理相談――大学カウンセラーからのメッセージ――　培風館

Uchida, C. & Uchida, M. (2017a). Characteristics and Risk Factors for Negative Academic Events: A 27-Year Serial Prevalence Study of 9.7 Million Japanese College Students. *The Primary Care Companion for CNS Disorders. 19*(4), 17m02123.

Uchida, C. & Uchida, M. (2017b). Characteristics and Risk Factors for Suicide and Deaths Among College Students: A 23-Year Serial Prevalence Study of Data From 8.2 Million Japanese College Students. *Journal of Clinical Psychiatry*, *78*(4) e404-e412.

山本 眞由美（監修）（2019）．大学生の健康ナビ――キャンパスライフの健康管理2019――　岐阜新聞社

吉武 清實（2018）．大学における学生相談の現状と課題――学生相談機関の整備・充実化の視点から――　東北大学高度教養教育・学生支援機構紀要, *4*, 19-28.

コラム2 ・・・・・・・・・・・

発達障害がある大学生への包括的な支援例

川瀬 英理・綱島 三恵

はじめに

発達障害がある大学生への包括的な支援として，2つの模擬事例（架空のケース）を紹介します。ケース1では，不登校をきっかけに相談室につながった学生への修学支援について，ケース2では，大学に通えない学生の親支援について取り上げます。

❖ケース1　不登校となった学生Aさんへの修学支援

1．ケースの概要

(1) 学年・文理系：大学1年生，理系

(2) 性別：男

(3) 家族構成：父，母，妹（高校1年生）

(4) 生活歴：

- 幼少期に言葉の発達の遅れを健診で指摘され，人見知りが強く，幼稚園での集団行動ができなかった等のエピソードがありましたが，病院への受診歴はありませんでした。
- 地方の中高一貫校の6年間では友達は多い方ではありませんでしたが，いい意味でも一人でいることをそっとしておいてくれる雰囲気であり，担任教師も3年間ずつ同じで，Aさんのことをよく理解してくれていました。その結果，発達障害について本人が自覚することなく，様々な配慮を受けていたこともあり，Aさんは困ることはほぼありませんでした。

また，成績が良かったため，家族も教員も，特に大きな問題を感じていませんでした。

⑸　性格：非社交的，頑固

⑹　趣味等：ゲーム，ネットサーフィン

⑺　支援前の経過：

●大学入学とともに，一人暮らしを開始。４月下旬，風邪をひいて２日間休み，ゴールデンウィーク後も，休みがちになりました。一人暮らしのため，また，自分がさぼっただけと思っていたため，引け目を感じ，親には相談できず，誰も気づかないまま夏休みになりました。

●夏休みに帰省をした際に，髪の毛が伸び，痩せて，表情が暗いこと，さらに，親が学業の細かいことを聞いても，答えられないことから，不登校になっていたことが発覚し，母に連れられ，実家近くのメンタルクリニックを初めて受診しました。そこでは，発達歴の聴取，様々な検査が行われ，「自閉スペクトラム症，社交不安症」との診断が告げられました。

●不登校になった理由については，「なんとなく大学に行かなくなった」とのことでしたが，時系列で入学式などのイベント，履修手続き，時間割等をもとに，授業や課題について丁寧に尋ねると，下記のことが判明しました。

・必修の第２外国語「中国語」の授業で，グループワークがあり，かなり苦痛を感じていた。

・「コンピュータ科学」の授業で，説明についていけず作業ができなかったが，挙手をして先生やＴＡ（ティーチングアシスタント）に，自ら質問することが困難なため，課題を提出できなかった。

・「英語（読解）」の授業で，英文の小説を読み，日本語で要約するグループワークの課題が出ていたが，もともと要約が困難で，さらに，風邪で１回無断欠席をしたことで，メンバーに迷惑をかけてしまったと感じ，ゴールデンウィーク明けに行けなくなった。

・休みを重ねることで，ますます授業に出づらくなり，さらに，他の授業でも「英語（読解）」のグループの人たちと顔を合わせるため，すべての授業に出られなくなった。

・一人暮らしのため，時々かかってきた母からの「大学には行ってる？」との質問に，「うん」と嘘をついても，もともと言葉数が少なかったこともあり，誰にもとがめられないまま，夏休みになった。

2．大学内の発達障害相談，支援室等による支援

後期の授業の開始１週間前に母親に付き添われてＡさんが大学の相談室に来室しました。前期（４～７月）の「中国語」以外の授業に関する困りごとについて，最初は「ない」と答えましたが，時間割をもとに，一つ一つの教科について，授業の内容，進め方，課題，理解度等を尋ねたところ，上記の情報が得られました。相談員から「障害を理由とする差別の解消の推進に関する法律(障害者差別解消法)」の「合理的配慮」について説明され，Ａさんの障害特性で，受けられそうな配慮を，具体例を挙げて説明したところ，Ａさんは配慮を希望しました。夏休み明けの上京を機に，地元のクリニックから，学内の保健センターに担当医を移していたため，「合理的配慮」を受けるための根拠となる診断書を保健センターで発行してもらいました。自分で教務課へ配慮の申し込みを行うことに，かなりの苦痛や時間を要することから，相談員がコミュニケーションの仲介を行い，本人に代わり，教務課に「合理的配慮」の希望を伝えました。本人，障害学生支援室相談員，保健センター担当医師，教務課職員，教務委員長が集まり，障害学生支援会議が行われることになりました。事前に配慮希望の教科と困りごと，それに対する配慮希望内容については，本人との個別の面談場面で作成しました。自分の希望での配慮依頼申し込みであること，また，自己理解のためにも，清書した資料を本人に確認してもらいました。その結果，会議では小さい声ながらも，自分で希望を伝えることができました。10代の学生にとって，さらに社交不安症のある彼にとっては，とても緊張しただろうとその後の面接で労ったところ，「緊張は少ししたけど，むしろ同級生の方が緊張するから，意外に大丈夫だった」との発言が聞かれました。

その後，学部で検討が行われ，「自閉スペクトラム症」と「社交不安症」との診断を根拠に，後期（10～２月）から開始されるアクティブ・ラーニング（主に語学系や実験）の授業に関して，教務課職員から各担当教員に次のことが伝えられました。１）人づきあいの困難さや同級生への緊張が高く，薬物療法も行っていること，２）瞬時に言葉で表現することが困難である等の特性。また，Ａさんの希望配慮として，１）グループワーク，グループディスカッションの際には，先生の方から声をかけること，２）発言ができなくても叱咤激励ではなく，授業後に個別に面談を行い，個別の感想シートなどを用意して，発言の代替課題等を考えてもらうこと，についても各担当教員に伝えられました。特に，実験は同級生とペアで役割分担や進め方などのコミュニケーションを取りながら，ある程度のスピードを持って作業を実施する必要性がある等から，困難を要する可能性が高いと判断し，本人，担当教員，教務課職員，相談員での面談を設定し，本人だけでなく，担当教員の心配も軽減するために，学生の特性説明や希望配慮を伝え，教員からの質問に答えました。できるだけ自分で話してもらい，相談員が補足する形で行われました。今後は，授業ごとに教員から実験の具体的な説明を個別で行うこと，ペアでの実験を行うが，場合によっては，個別での実験に変更する提案が教員からあり，本人も承諾しました。

授業開始後は，大学の相談員が週に１回の定期面談で，時間割をもとに，すべての授業について，一つ一つ丁寧に，何を授業でやり，課題は何か，うまく遂行できているかを確認しました。実験の予習方法や実験ノートの書き方がわからないとの話を面談で把握し，相談員から担当教員に連絡することで，次の授業の際に，教員から本人に声がかかり，指導を受けることができました。また，「英語」の要約の宿題が後期も出ていることを把握し，実際の宿題を見せてもらい，一般的な学習方法のアドバイスは大学の相談員が行いました。しかしながら，それでも宿題が困難な場合は，面談中に，本人にPCの前に座ってもらい，「11月５日の授業の要約の宿題ができません。おそらく自閉スペクトラム症の特性によるものです。ほかの宿題を代わりに出していただけないでしょうか？」といった担当教員宛ての文章を一緒に考え，大学の相談員や教務課を同報し，メールを送信しました。

12月上旬，順調であったことから，大学の相談員が油断をし，時間割通りに一つずつ尋ねなくなったころに，中国語の授業で欠席が２回続いていると，担当教員から教務課へ連絡がありました。相談員が面談で尋ねると，バツが悪そうな表情で小さくうなずきました。決して責めてないから，「なぜ休んでいるか」を教えてほしいこと，本当の原因を知って一緒に問題解決したいことを付け加えて，できるだけ穏やかに問うと，「ネットの世界で知り合った人たちとグループを作って対戦ゲームを始めたら，自分が課題で忙しくても断りづらく，抜けられなくなった」との話が聞かれました。本当のことを言ってくれたことを労い，ゲームのやめ方などを話し合いましたが，「すぐにはグループから抜けられない」との返答がありました。しかし，１月には期末テストも控えていることから，このままでは単位取得もできなくなることを共有し，12月中にやめることを，ゲーム仲間に話すことになりました。伝え方についても，具体的に適応的なアサーション方法を説明し，セリフを一緒に考えました。

12月下旬，Ａさんは「ゲームはやめた」と大学の相談員に伝えましたが，実際はやめられていなかったと，冬休みに帰省した際に家族から相談員に連絡がありました。相談員から帰省中のＡさんに電話をし，冬休みの過ごし方について話し合った結果，Ａさんの意思で１月下旬の期末テストに向けて，試験勉強を父母に見てもらうことになりました。冬休み明けについては，さらに家族で話し合い，スマートフォンの GPS をオンにすること，家にいるときは遠隔会議システムを ON にして，家族とつながること等で，勉強する環境を整えました。これらの対応で，ゲームは抑止でき，Ａさんにとって難しい課題が出た際にも，Ａさんは母に気軽に聞けるようになりました。また，試験勉強もできたことで，後期は履修単位のほとんどが取得できました。

大学２年の春からは，祖母が実家の父と妹と同居し，母が上京しＡさんと同居することになり，卒業まで，留年することなく，大学に通うことができました。

３．支援のポイント

- ●具体的な質問で問題を明らかにすることで，困りごとを特定できます。また，うまくいっていないことを否定も肯定もしない姿勢で聴くことで，学生が安心して話せるようになります。
- ●修学支援については，自分の障害特性を根拠に，大学側で配慮可能性の高い「合理的配慮」に沿った希望配慮を考える必要があるため，学生一人で考えることは困難です。大学の相談員が，大学側が提供できそうな配慮例を，学生に提示して，希望を聞きます。
- ●相談員や大学からの支援だけでは修学が困難な場合は，家族等からの支援が必要となります。家族の経済状態や家族構成などの事情によって異なりますが，実家からの通学や，家族の同居等でうまくいく場合もあります。

●コミュニケーションの仲介を相談員が行うことも「合理的配慮」の一つですが，ソーシャルスキルの練習になるため，時間がある場合は，メールの文章を一緒に考えることや，窓口に同行すること等，大学の相談員が手を出しすぎないことも重要です。（川瀬 英理）

❖ケース２　大学に通えない学生Ｂさんへの親支援

１．ケースの概要

(1) 学年・文理系：大学１年生，理系

(2) 性別：男性

(3) 家族構成：父，母，兄（大学３年生）

●父親は医師で，２つ上の兄も医学部に通いひとり暮らしをしています。父方の祖父も医師です。祖父は，頑固で譲らないところがあり，患者とトラブルになることもありました。父親は，子どもたちのことは可愛がっていますが，じっとしているのが苦手で，仕事や研究で常に忙しくしています。子育ては母親ひとりで担っていました。母親と兄は，社交的で友人が多く，穏やかでのんびりとした性格ですが，神経質で心配性なところがあります。

(4) 生活歴：

●幼稚園では，国旗と国名や動物図鑑の内容を全て覚えていました。マイペースで好きなことを始めると何時間でも取り組んでいましたが，やめさせようとするとかんしゃくを起こして手が付けられなくなりました。

●小学校では，忘れ物が多く，毎晩持ち物確認を母親と行っていました。整理整頓が苦手で，自室はいつも足の踏み場がありませんでした。対人関係のトラブルが多く，クラスメイトとけんかになり，親が学校に呼び出されることもありました。

●中学では進学校として有名な私立の男子高に入学しましたが，いじめにあい教員が介入して解決しました。中学校では何も良い思い出がないと言っていました。このころから，プログラミングに打ち込むようになりました。

●高校では，プログラミングを通して，学校の内外に友人ができ，大学入学後も連絡を取り合っています。友人ができたことをBさんはとても喜んでいました。高校の成績はトップクラスでした。将来はＩＴ系企業に就職したいと大学では工学部を専攻しました。

(5) 性格：感情コントロールが苦手

(6) 趣味等：プログラミング

(7) 支援前の経過：

●入学直後は楽しそうに大学に通っていましたが，秋頃から暗い顔をして，「大学に行きたくない」「勉強が手につかない」と言い出しました。母親は，通うように勧めましたが，家からまったく出なくなりました。大学へは２カ月程通っていない状態が続いています。昼間はリビングでぼんやり過ごし，自室では長時間寝ています。父親以外の家族とは笑顔を見せて会話をします。たまに母が家事を頼めばやってくれるなど，態度は変わりませんが，大学に行くことを極端に嫌がります。本人に理由を聞いても答えてもらえません。

２．大学内の発達障害相談・支援室等による支援

相談室に訪れた母親は，子どもへの対応がわからず困惑している，親として，休ませるべきか怒ってでも学校に行かせるべきかわからないと語りました。カウンセラーは，今はとにかく休ませること，心に様々な葛藤を抱え苦しんでいること，どこにも居場所がないため，無理に外出させたりせず，休養の大切さを伝えました。この後は，１カ月に１回，定期的に母親との面接を行いました。

学期末試験も終了した２月になっても，大学に行く様子はありませんでした。このため，母親は休学を検討していました。休学した場合，在学年限が延長になるため，復学時に時間を掛けて単位を取得することが可能になります。

その頃，業を煮やした父親が「いいかげんに大学に行け！　ただ寝ているだけで怠けていても何も進まない」と怒鳴りました。それを聞いたBさんは，大

きな声でわめきちらし，父親は茫然として言葉を失いました。この後から，Ｂさんは自室にこもるようになりました。

この事態を受けて，両親で相談室に来室してもらいました。待合室では，父親はソワソワと手足を動かし，面接が始まると早口で話しました。父親と話す中で，我が子を大切に思い，心配していることが理解できました。一方で，優しくするだけの母親を見て，甘やかしているとイライラしていたと話しました。母親は，カウンセラーの勧めで，ひきこもりの親の会などに参加し，家から出られない子どもへの対応を学んでいましたが，父親は忙しく参加していませんでした。このため，父親には，親の会への参加と，ひきこもりに関する書籍を読むように勧めました。親の会に出席した父親は，叱責することは逆効果であることを学び，「同じように悩んでいる親と話せたことで心が救われた」と言いました。一方，母親は，面接を通して自身の子育てについて振り返りました。落ち着きがなく育てにくい子どもだったため，いつも怒ってばかりでほとんど褒めたことがないことに気付きました。母親は，「自分の理想通りに子どもを動かすことばかりに気を取られ，我が子をそのままを受け止めてあげたことがなかった」と涙を流しました。カウンセラーは，両親がそれぞれに気付きを得たことで，我が子を受け止める姿勢が一段深いものになっていると考えていました。

休学手続きについては，両親とカウンセラーで相談し，母親から手紙を書いて部屋の前に置くことになりました。手紙には，休学するメリットとデメリットが簡潔に書かれ，休学を了承する場合は，自室のドアの前に手紙を戻すことが提案されていました。母親が確認に行くと，手紙が開けられた形跡があり，部屋の前に置いてありました。これを受けて，１年間の休学手続きを行いました。休学が決まると，自室にこもる時間が以前よりは減少し，母親とは話すようになりました。

これまで多忙を極める父親は家にほとんどおらず，家庭のことは全て母親が担い，夫婦は会話のない状態が続いていました。しかし，今回の件で状況の深刻さを理解した父親は，協力的になり母親を労わるようになりました。両親の関係性に変化が表れ，家庭は少しずつ和やかな雰囲気になりました。

家から出られなくなって１年ほどが経ち，Ｂさんは近所の買い物，趣味を通したオンラインでのやりとりが少しずつできるようになっていました。そんな中，復学か休学の延長かを話し合っていた時，「大学に行けるよね」と軽い調子で言った母親に対して，息子が怒鳴り自室にこもってしまいました。このことをカウンセラーに報告した母親は，「いつか息子に謝罪をしたいと思っていた，その機会かもしれない」と言いました。このため，母親の正直な気持ちを息子に伝えることにしました。息子は，嫌なことがあっても前ほど自室にこもらなくなっていたため，１対１で話し合う機会を作りました。母親は，幼少期から今までずっとわかってあげられず申し訳ないと思っていること，母親として未熟ではあるが，変わりたいと思っていることを本人に伝えました。涙ながらに話す母親に対して，息子は言葉少なくその場を立ち去りました。次の日は，会話はありませんでしたが，食事を一緒に取り，怒っている様子はありませんでした。また，休学は延長手続きが取られ，これからもサポートが必要な状態は続いています。

３．支援のポイント

- 外には居場所がないため，家を安全基地として機能させることが大切です。過度の登校刺激は本人を追い込むことになります。
- 一方で，支える家族が孤立することがないよう，支援機関とのつながりを作ることが重要です。ひきこもりの親の会への参加や行政機関への相談などが挙げられます。関わり方の工夫などは，経験者や専門家でないとわからないこともあります。本人を追い込まないためにも，まずは家族に関わり方を知ってもらうことが重要です。
- 当事者や専門家との語らいは，保護者が子どもをより理解し，自己を振り返る手助けになります。一方で，保護者が自らの問題点に直面することになるため，つらい過程となることもあります。しかし，悩みぬき導かれた気付きは，親を一段楽にさせ，結果的に子どもとの関係性に余裕が生まれることがあります。

（綱島 三恵）

❖まとめ――2つのケースを通して

発達障害のある人には，本人へのアプローチだけでは，うまくいかないことが多くあり，今回紹介した２つの事例のように，周りの人の支援や理解がかかせません。ケース１，ケース２ともに母親がきっかけで相談や支援につながっており，結果的に２事例とも家族の支援が得られました。しかしながら，家族の健康度が低いなどにより，相談につながらない，相談につながった場合でも，家族の支援が得られないこともあります。その場合は，地域の福祉サービスを利用することも必要になります。青年期の学生は，「対家族」，「対大学」，「対地域」等，障害がありながら，社会で生きていくことの覚悟を迫られる場面が少なくありません。そのため，本論では詳述しませんでしたが，心理的なケアも常に忘れずに，同時に行っています。

最後に，実際の臨床場面では正攻法がある訳ではありません。しかし，本論で紹介した２つの支援例が現在，苦しみやつらさを抱えている方々に対する気付きやヒントに少しでもつながることを願っております。

あとがき

ひきこもりの疫学調査によれば，10代後半から20代の青年が人口構成のピークと考えられています。発達障害の性質が関係する場合もあり，関わる上ではそれぞれに応じた配慮と工夫が必要とされます。私どもの相談支援の実践からも，こうした性質がある大学生のひきこもりには予てより問題意識をもっていました。

2019年は，ひきこもる当事者が関係した大きな二つの事件（川崎市登戸通り魔事件，元事務次官長男殺害事件）が発生しました。これは世の中に大きな負のインパクトをもたらし，約20年前の新潟少女監禁事件や西鉄バスジャック事件に端を発するひきこもりに対するバッシングが，再度繰り返されかねない状況とも考えられました。

ひきこもる青年をどのように理解してゆけば良いのか，発達障害という視点を加味しつつ再度問い直すために2019年12月22日に東京大学弥生講堂一条ホールにてシンポジウム「発達障害とひきこもり」が開催されました。立場の異なる４名の専門家（井利由利，池上正樹，伊藤順一郎，斎藤環：敬称略）をお招きし，それぞれ講演と会場からの質疑にも応じていただきました。

本書は2019年のシンポジウムの講演内容を元に加筆と修正を行い，またシンポジウムの趣旨に関連した書き下ろしが加わっています（境 泉洋，山﨑順子，高野 明，大島紀人，川瀬英理，綱島三恵：敬称略，執筆順）。ご執筆くださいました皆さまに心から御礼申し上げます。そして，本書の企画段階から刊行に至るまでの本当に長い期間，細やかに粘り強くご助言くださいました金子総合研究所の加藤浩平所長，シンポジウム開催にご尽力くださいました東京大学相談支援研究開発センターの初代センター長である小佐野重利先生，同センターのコミュニケーション・サポートルームの心理の先生方，そして本企画の事務的な差配をしてくださいました峰本さやか様に深く感謝いたします。皆さまのお陰で，こうして書籍として形にすることができました。本当にありがとうございます。

2023年２月吉日

編者　渡辺慶一郎

【著者紹介】（執筆順，所属は執筆時）

小佐野重利（おさの・しげとし）	東京大学大学院新領域創成科学研究科人間環境学専攻人工環境学講座特任研究員（元相談支援研究開発センター長／東京大学名誉教授）
井利　由利（いり・ゆり）	茗荷谷クラブチーフスタッフ，公益社団法人青少年健康センター理事，同センター副会長
池上　正樹（いけがみ・まさき）	ジャーナリスト，特定非営利活動法人・ＫＨＪ全国ひきこもり家族会連合会副理事長
伊藤順一郎（いとう・じゅんいちろう）	医療法人社団ここらるら メンタルヘルス診療所しっぽふぁーれ院長
斎藤　　環（さいとう・たまき）	筑波大学医学医療系社会精神保健学教授
境　　泉洋（さかい・もとひろ）	宮崎大学教育学部教授
山﨑　順子（やまざき・じゅんこ）	目白大学非常勤講師
高野　　明（たかの・あきら）	東京大学相談支援研究開発センター教授
大島　紀人（おおしま・のりひと）	東京大学相談支援研究開発センター講師
川瀬　英理（かわせ・えり）	東京大学相談支援研究開発センター助教
綱島　三恵（つなしま・みえ）	東京大学相談支援研究開発センターコミュニケーション・サポートルーム相談員
渡辺慶一郎（わたなべ・けいいちろう）	東京大学相談支援研究開発センター教授

【編著者紹介】

渡辺 慶一郎（わたなべ・けいいちろう）

1967年生。信州大学医学部卒。国立精神神経センター武蔵病院，同神経研究所，東京大学医学部附属病院精神神経科，同「こころの発達」診療部を経て，現在は東京大学相談支援研究開発センター副センター長，総合窓口（教授）。代表的な著書は，『自閉スペクトラム症のある青年・成人への精神療法的アプローチ』（編著・金子書房，2021），『大人の発達障害の理解と支援（ハンディシリーズ「発達障害支援・特別支援教育ナビ」）』（編著・金子書房，2020），『発達障害・知的障害のための合理的配慮ハンドブック』（編著・有斐閣，2020），『改訂版 特別支援教育の基礎』（編著・東京書籍，2017），ほか多数。

発達障害と青年期のひきこもり

2023年６月30日　初版第１刷発行　［検印省略］

編著者　渡辺慶一郎
発行者　金 子 紀 子
発行所　株式会社　金 子 書 房
〒112-0012　東京都文京区大塚３－３－７
TEL　03-3941-0111㈹
FAX　03-3941-0163
振替　00180-9-103376
URL　https://www.kanekoshobo.co.jp
印刷／藤原印刷株式会社
製本／一色製本株式会社
装幀／mammoth.
本文組版／株式会社APERTO

ISBN 978-4-7608-3289-7 C3011
Printed in Japan